2/26 19'90 €

ACCESO GRATIS *a la Lectura en la Nube*

Para visualizar el libro electrónico en la nube de lectura envíe junto a su nombre y apellidos una fotografía del código de barras situado en la contraportada del libro y otra del ticket de compra a la dirección:

ebooktirant@tirant.com

En un máximo de 72 horas laborables le enviaremos el código de acceso con sus instrucciones.

La visualización del libro en **NUBE DE LECTURA** excluye los usos bibliotecarios y públicos que puedan poner el archivo electrónico a disposición de una comunidad de lectores. Se permite tan solo un uso individual y privado.

LA CESIÓN ILEGAL DE TRABAJADORES

(Particular referencia a la jurisprudencia reciente)

Procedimiento de selección de originales, ver página web:
www.tirant.net/index.php/editorial/procedimiento-de-seleccion-de-originales

LA CESIÓN ILEGAL DE TRABAJADORES

(Particular referencia a la jurisprudencia reciente)

ÁNGEL JURADO SEGOVIA
Profesor Titular de Derecho del Trabajo y de la Seguridad Social
Universidad Complutense de Madrid

tirant lo blanch
Valencia, 2025

En caso de erratas y actualizaciones, la Editorial Tirant lo Blanch publicará la pertinente corrección en la página web www.tirant.com.

La presente obra ha sido sometida a la revisión de pares ciegos según el protocolo de publicación de la editorial a efectos de ofrecer el rigor y calidad correspondiente tanto en su contenido como en su forma, aplicándose los criterios específicos aprobados por la Comisión Nacional E 016 (BOE num. 286, de 26 de noviembre de 2016).

EDITA: TIRANT LO BLANCH
C/ Artes Gráficas, 14 - 46010 - Valencia
TELFS.: 96/361 00 48 - 50
FAX: 96/369 41 51
Email: tlb@tirant.com
www.tirant.com
Librería virtual: www.tirant.es
DEPÓSITO LEGAL: V-4184-2025
ISBN: 979-13-7021-124-0
MAQUETA: Tink Factoría de Color

Si tiene alguna queja o sugerencia, envíenos un mail a: *atencioncliente@tirant.com*. En caso de no ser atendida su sugerencia, por favor, lea en *www.tirant.net/index.php/empresa/politicas-de-empresa* nuestro procedimiento de quejas.

Responsabilidad Social Corporativa: http://www.tirant.net/Docs/RSCTirant.pdf

Índice

Introducción

La cesión ilegal de trabajadores es una institución clásica de nuestro Derecho del Trabajo. Sin dejar de mencionar el Decreto-Ley de 15 de febrero de 1952, como primera norma que manifestó expresamente una preocupación por, cuando menos, mitigar los efectos de ciertas prácticas de cesión de trabajadores[1], buena parte de los rasgos esenciales del actual art. 43 ET hunden sus raíces en el Decreto 3677/1970. Siguiendo la orientación de otros ordenamientos nacionales —particularmente el caso de Italia[2]—, en un contexto en que el desarrollo industrial de la década de los 60 había evidenciado claramente una proliferación de los fenómenos de interposición en el contrato de trabajo, dicho Decreto, sin perjuicio de los variados problemas de

---

1 Esta norma no declaraba ilícita la cesión de trabajadores, ni imputaba la condición y responsabilidades propias del empresario al cesionario, sino que establecía una responsabilidad civil de éste que, aunque se denominaba solidaria, sólo operaba el caso de que el cedente incumpliera sus obligaciones en materia laboral y de Seguridad Social. Al respecto, hay quien consideró que probablemente, sin saberlo, la norma lo que comportaba era una legalización de la interposición en el contrato de trabajo. Así MARTÍN VALVERDE, A.: "Interposición y mediación en el contrato de trabajo. Análisis del Decreto 3677/1970, de 17 de diciembre", Revista de Política Social, Nº 91, 1971, pág. 44. Para referencias a dicha norma de 1952, véase también, entre otros, GARCÍA MURCIA, J.: "El trabajo en contratas y la cesión de mano de obra en el Estatuto de los trabajadores", Revista de Política Social, Nº 130, 1981, págs. 56-58; RODRÍGUEZ RAMOS, M. J.: *La cesión ilegal de trabajadores tras la reforma laboral de 1994*, Tecnos, Madrid, 1995, pág. 59 y ss.; CEINOS SUÁREZ, A.: "La cesión ilegal de trabajadores a la luz de la jurisprudencia del Tribunal Supremo", Revista del Ministerio de Trabajo, Migraciones y Seguridad Social, Nº 143, 2019, págs. 132 y 136.

2 Cfr., en este sentido, GARCÍA MURCIA, J., op. cit., pág. 11; GARCÍA ROS, A.: "La cesión ilegal, pasado, presente y futuro. Su análisis jurisprudencial", Aranzadi Social, Nº 1, 2009, pág. 3 y 4 (versión digital); ambos aluden a la Ley italiana Nº 1369 de 1960. Sobre la misma, véase, por ejemplo, CARINCI, M. T.: *La fornitura di lavoro altrui*, Giuffrè, Milano, 2000, en particular pág. 11 y ss.

interpretación y delimitación conceptual que planteaba, se expresó en un sentido claramente prohibitivo al sancionar que una persona física o jurídica contratara a un trabajador y lo cediera a una empresa para prestar servicios en ella; y lo hacía estableciendo una responsabilidad solidaria de cedente y cesionario respecto a las obligaciones contraídas con los trabajadores y la Seguridad Social, así como declarando que los trabajadores adquirían la condición de fijos en la plantilla de la empresa en que efectivamente prestaran los servicios —*ergo*, la cesionaria—; y, en fin, contemplando un régimen de multas administrativas para ambos sujetos intervinientes en la cesión[3].

Desde el Decreto de 1970 hasta la ordenación contenida en el vigente art. 43 ET se han sucedido, desde luego, diversas intervenciones normativas que han afectado a la institución[4], siendo seguramente la más relevante la que significó una legalización y regulación de las denominadas "empresas de trabajo temporal" ("ETTs"), reflejada en el actual art. 43.1 ET, de cuyo tenor se desprende que la actividad de tales empresas opera como excepción a la prohibición de cesión de trabajadores, siempre y cuando se traten de empresas debidamente autorizadas en los términos legalmente previstos (Ley 14/1994). Con todo, pese a tales intervenciones normativas, cabe afirmar que el régimen de la cesión ilegal de trabajadores se viene caracterizando por una notable estabilidad normativa[5], habiendo sido sobre

---

3 Sobre la importancia de esta norma y un análisis de diversas cuestiones interpretativas suscitadas, MARTÍN VALVERDE, A., op. cit. *passim*. Algunas referencias a dicha norma también en GARCÍA MURCIA, op. cit., particularmente págs. 10, 58 y 59; RODRÍGUEZ RAMOS, M. J., op. cit., pág. 62 y 63; CEINOS SUÁREZ, A., op. cit., pág. 132, 133 y 136.

4 Para referencias a los cambios normativos posteriores al Decreto de 1970, véase GARCÍA MURCIA, op. cit., pág. 60 y ss.; RODRÍGUEZ RAMOS, M. J., op. cit., pág. 65 y ss.; CEINOS SUÁREZ, A., op. cit., pág. 133 y ss.

5 A tal conclusión se llegaba ya respecto a la regulación contenida en el ET de 1980, GARCÍA MURCIA, op. cit., pág. 61 y ss.; apreciación que se puede mantener a pesar de posteriores reformas normativas.

todo la jurisprudencia la que ha ido moldeando los perfiles de la institución[6], tanto en lo que se refiere a la delimitación de la conducta ilícita, cuanto a través de una significativa labor de integración interpretativa de los mecanismos de tutela del trabajador cedido ilegalmente.

Pues bien, considerando lo anterior, el objeto del presente estudio es un análisis del art. 43 ET, pero principalmente desde la perspectiva de la jurisprudencia del orden social relativamente reciente. En este sentido, en el análisis subsiguiente se ha procurado ser bastante exhaustivo respecto a la doctrina del TS dictada a partir del año 2010, en orden a ofrecer una visión esencialmente práctica de las cuestiones más habituales y relevantes que en torno a esta institución se vienen planteando en los últimos tiempos.

Y atendiendo al grueso de las cuestiones abordadas por dicha jurisprudencia, el análisis se va a estructurar en dos grandes partes. De un lado, la cuestión de delimitación de la cesión de trabajadores prohibida; particularmente, la de su distinción con la contrata de obra o servicios considerada lícita a efectos laborales, tal y como se infiere del art. 42 ET, sin perjuicio de las ciertas garantías laborales previstas en el mismo. La citada distinción preocupa especialmente al legislador a tenor de lo dispuesto en el art. 43.2 ET y ocupa, en efecto, un lugar claramente prominente en la jurisprudencia de los últimos años, confirmándose, en buena medida, que la frontera entre la contrata y la cesión ilegal es uno de los ejemplos gráficos de las zonas grises existen-

---

Cfr. GOERLICH PESET, J.M.: "Los límites de la regulación de las contratas y subcontratas", en (AAVV): *Descentralización productiva y transformación del Derecho del Trabajo*, Tirant lo Blanch, Valencia, 2018, pág. 15.

6 Cfr., en esta línea, destacando la notable estabilidad normativa y el papel desempeñado por la jurisprudencia, GARCÍA ROS, A., op. cit, pág. 1 y ss.; CEINOS SUÁREZ, A., op. cit., particularmente págs. 132, 133, 136 y 154 y 157, DE LA PUEBLA PINILLA, A.: "Cesión ilegal. Adaptaciones, normativas y judiciales, a una realidad cambiante", Labos, Nº 3, 2023, pag. 4-6.

tes en el Derecho del Trabajo[7]. Por otro lado, la segunda parte del análisis responde a la relativa frecuencia con la que la jurisprudencia reciente se ha tenido que enfrentar a cuestiones que exigen una acotación interpretativa de los efectos legales que los arts. 43.3 y 4 ET anudan a la constatación de una cesión ilegal, así como también a otras diversas cuestiones sustantivas y procesales conectadas al esquema de responsabilidades empresariales y de garantías para el trabajador delineado por dichos preceptos.

---

7 Cfr. RODRÍGUEZ RAMOS, M. J. (1995), op. cit., pág. 117, citando a IGLESIAS CABERO.

1ª Parte

Delimitación de la cesión ilegal de trabajadores: la distinción con la contrata lícita (art. 43.2 ET); particular referencia a la jurisprudencia reciente

1. CONSIDERACIONES GENERALES: EL ART. 43.2 ET Y LA JURISPRUDENCIA

Como se apuntaba en la introducción, el legislador español no sólo ha manifestado una preocupación por garantizar ciertos derechos de los trabajadores empleados en las contratas (art. 42 ET), sino también, paralelamente, por evitar que las contratas enmascaren prácticas prohibidas de cesión de trabajadores. En este sentido, como también se apuntó, con la excepción de la actividad desarrollada por las "ETTs" debidamente autorizadas, el art. 43 ET recogería una prohibición de aquella actividad consistente en la contratación de trabajadores para cederlos a otras empresas.

Sucede, con todo, que desde hace tiempo se viene advirtiendo que, en la práctica y en no pocas ocasiones, puede resultar notablemente complejo distinguir entre una lícita contrata de obras o servicios y una cesión de trabajadores prohibida por la ley[8]. Una complejidad que, además, habría ido *in crescendo* a raíz de la proliferación y diversificación de los fenómenos de externalización de actividades empresariales, de lo que sería un ejemplo elocuente la aparición de las denominadas empresas de servicios o

---

[8] Por todos, GARCÍA MURCIA, J., op. cit., pag. 11.

multiservicio[9]. Se trataría de una complejidad asociada a transformaciones de la realidad normada con notas semejantes a las destacadas a la hora de analizar en los últimos años otras diversas instituciones jurídico-laborales; esto es, sintetizando: superación del paradigma industrial, amplia irrupción de la economía de servicios y papel destacado de las nuevas tecnologías, que, operando en este caso como eficiente instrumento de coordinación interempresarial, habrían coadyuvado al incremento de las estrategias de descentralización productiva[10].

Fue particularmente con ocasión de la reforma laboral de 2006 que se hizo patente una mayor preocupación del legislador por trazar la frontera entre las contratas lícitas y las meras puestas a disposición de mano de obra ilegales[11]. A través, en efecto, del RD-Ley 5/2006, convertido posteriormente en Ley 43/2006, se incorporó un nuevo apartado 2 en el art. 43 ET del siguiente tenor: "*En todo caso, se entiende que se incurre en la cesión ilegal de trabajadores contemplada en el presente artículo cuando se produzca alguna de las siguientes circunstancias: que el objeto de los contratos de servicios entre las empresas se limite a una mera puesta a disposición de los trabajadores de la empresa cedente a la empresa cesionaria, o que la empresa cedente carezca de una actividad o de una organización propia y estable, o no cuente con los medios necesarios para el desarrollo de su actividad, o no ejerza las funciones inherentes a su condición de empresario*".

Sin perjuicio del loable esfuerzo en aras de superar la parquedad de anteriores previsiones estatuarias y atender a

---

9 Cfr. VALDÉS DAL-RÉ, F.: "La reforma del régimen de cesión ilícita de mano de obra: convergencias y divergencias entre la Ley y la jurisprudencia", Relaciones Laborales, Nº 12, 2007, pág. 2 y 3 (versión digital).

10 Cfr. GOERLICH PESET, J.M. (2018), op. cit., págs. 16-18 y 28.

11 Sobre el contexto y proceso de concertación social que llevó a dicha reforma a intervenir sobre esta materia, PÉREZ GUERRERO Mª. L. y RODRÍGUEZ-PIÑERO ROYO, M.: "Contratas y cesión de trabajadores en la reforma laboral de 2006", Temas Laborales, Nº 85, 2006, pág. 115 y ss.

la apuntada distinción, lo cierto es que su plasmación legal no ha resultado muy afortunada. Sobre todo porque se ha querido aquilatar un concepto más o menos categórico de cesión ilegal a partir de algunos de los criterios y/o conclusiones que cabría extraer de la doctrina jurisprudencial en la materia[12], la cual no ha venido operando, sin embargo, sobre la base de unos criterios o elementos formulados con valor constitutivo, sino mayormente a modo de pautas orientativas o indicios. Ello restaría bastante operatividad a la definición legal ensayada[13], cuyo tenor presenta, por añadidura, un cierto aire tautológico[14].

Más específicamente, la utilización en el art. 43.2 ET de las expresiones "*en todo caso*" y "*alguna de las siguientes circunstancias*" podría llegar a leerse como el establecimiento de una serie de presunciones, que comportarían un método de calificación no convergente con el de la "*jurisprudencia indiciaria*" obrante[15]. La jurisprudencia ha venido apostando, en efecto, por una aplicación ponderada de diversos criterios de valoración que no son excluyentes entre sí, sino complementarios y tienen un valor indicativo u orientador[16]. Por el contrario, a tenor del art. 43.2 ET y de la aparente "*autonomía tipificadora*" de las circunstancias en él

---

12 Según Exposición de motivos del RD-Ley 5/2006, lo pretendido es *"una definición de la cesión ilegal de trabajadores, que traslada a la Ley la jurisprudencia sobre esta materia"*.

13 Cfr., en esta línea, PÉREZ DE LOS COBOS ORIHUEL, F.: "La reforma laboral de 2006: un análisis crítico del RDL 5/2006, de 9 de junio, para la mejora del crecimiento y el empleo", en (AAVV): *La reforma laboral de 2006. Comentarios al Real Decreto-Ley 5/2006*, La Ley, Madrid, 2006, págs. 54 y 55.

14 Cfr., en esta línea, SEMPERE NAVARRO, A. V.: "Comentario al artículo 43 del Estatuto de los Trabajadores. Cesión de trabajadores", en (AAVV): *Comentarios al Estatuto de los Trabajadores*, Aranzadi, 2007, pág. 5 (versión digital).

15 Cfr., en esta línea, MOLERO MANGLANO, C.: "¿De qué depende que una contrata sea declarada cesión ilegal tras la reforma de 2006?, Actualidad Laboral, Nº 21, 2006, pág. 2 y ss. (versión digital). En sentido similar, SEMPERE NAVARRO, A. V., op cit., págs. 1 y 5.

16 Cfr., entre otras, SSTS 16-6-2003 (Rº 3054/2001) y 3-10-2005 (Rº 3911/2004).

enumeradas, para declarar la concurrencia de una cesión ilegal de trabajadores podría bastar con un juicio centrado en torno a sólo una de las circunstancias enumeradas, despreciándose la valoración de otros elementos seguramente merecedores de ser tenidos en cuenta[17]. Y, en todo caso, algunas de las referencias contenidas en el art. 43.2 ET, especialmente las que aluden a *"que el objeto de los contratos de servicios entre las empresas se limite a una mera puesta a disposición de los trabajadores de la empresa cedente a la empresa cesionaria"*, no parecen aportar, en realidad, demasiado desde el punto de vista calificador, más allá de hacer alusión al resultado prohibido por la ley[18].

No debe extrañar, por tanto, que, desde un primer momento tras aquella reforma legal, diversos autores apostasen por la no producción de un cambio relevante de método en la doctrina de los tribunales[19]. Y, de hecho, así habría acontecido al menos por lo que se refiere a la jurisprudencia del TS, que, sin alterar sustancialmente su enfoque tras el 43.2 ET introducido por la reforma de 2006[20], sigue siendo de capital importancia a la hora de trazar una distinción cabal entre la contrata lícita y la cesión prohibida[21]. Tras dicha reforma, la jurisprudencia ha seguido, en efecto, ape-

---

17 Cfr., en esta línea, VALDES DAL-RÉ, F., op. cit., p. 6 y 7.

18 En esta línea, MOLERO MANGLANO, C., op. cit., pág. 6. Y haciendo también una valoración negativa del art. 43.2 ET, entre otras cuestiones, por no haberse tenido en cuenta que los criterios manejados por la jurisprudencia no son excluyentes entre sí, así como por incluirse referencias que no aportan criterios calificadores, RODRÍGUEZ RAMOS, M. J.: "La cesión ilegal de trabajadores y la contrata o subcontrata de obras o servicios: dificultades de su delimitación ante las últimas reformas laborales", Revista General de Derecho del Trabajo y Seguridad Social, Nº 15, 2007, pág. 13 y ss.

19 Cfr., en esta línea, MOLERO MANGLANO, C., op. cit., pág. 6 y ss.; VALDÉS DAL-RÉ, F., op. cit., pág. 7 y 8; SEMPERE NAVARRO, A. V., op. cit., pág. 9.

20 Apuntando que con lo previsto en el art. 43.2 ET simplemente se han querido reflejar ciertas prácticas empresariales que generan consecuencias garantistas para el trabajador, STS 25-11-2019 (Rª 81/2018).

21 Cfr., en esta línea, CEINOS SUÁREZ, A., op. cit., pág. 142.

lando a la necesidad de tomar en consideración diversos criterios complementarios, que operan muchas veces con un valor indicativo u orientador[22].

Y a pesar de que las características de los conflictos en la materia, con circunstancias de hecho muy variables y llenas de matices a valorar, pueden dificultar el cumplimiento del requisito de contradicción condicionante del acceso al recurso de unificación de doctrina[23], lo cierto es que el TS, bien a través de ese recurso o del de casación "ordinario", se ha venido pronunciando con bastante asiduidad sobre la distinción entre la contrata lícita y la cesión ilegal, pudiéndose afirmar la existencia de un *corpus* jurisprudencial del que cabe inferir algunas líneas de tendencia bastante perfiladas[24], tal y como se podrá ir observando a lo largo de páginas posteriores.

Por lo demás, a nivel normativo cabe identificar alguna otra previsión relacionada con la distinción entre, en este caso, negocios jurídicos habituales en el ámbito del sector público y la cesión ilegal de mano de obra. Se trata más bien de unas indicaciones dirigidas a los gestores públicos en aras de evitar que figuras tales como los contratos públicos de servicios puedan comportar una cesión ilegal. La Ley 9/2017, de Contratos del Sector Público, alude, en efecto, a que los "*responsables de la Administración deben abstenerse de realizar actos que impliquen el ejercicio de facultades que, como parte de la relación jurídico laboral, le corresponden a la empresa contratista*" (art. 308.2); y a que "*se intentará que los trabajadores de la empresa contratista no compartan espacios y lugares de trabajo con el personal al servicio de la Administración,*

---

22 Cfr., por ejemplo, STSS 2-11-2016 (Rº 2779/2014); 8-7-2020 (Rº 14/2019); 19-5-2022 (Rº 320/2021).

23 Así lo ha venido advirtiendo el TS. Cfr., en la jurisprudencia reciente, por ejemplo, SSTS 16-5-2017 (Rº 2960/2015) y 10-6-2020 (Rº 237/2018).

24 De consolidada línea jurisprudencial y de estado de la cuestión bastante pacífico habla BLASCO PELLICER, A.: "El tratamiento de las contratas y subcontratas en la jurisprudencia reciente", Trabajo y Empresa, Nº 1, 2022, pág. 168.

y los trabajadores y los medios de la empresa contratista se identificarán mediante los correspondientes signos distintivos, tales como uniformidad o rotulaciones" (art. 312.f).

Es cierto que estas disposiciones traslucen una cierta banalización de los indicios de cesión ilegal[25], pero el hecho de que la principal norma encargada de ordenar la contratación administrativa haga referencia así a la evitación de situaciones de cesión ilegal parece que trae causa en el notable alcance que la misma habría adquirido en dicho ámbito. Ciertamente, a la luz de las bases de datos jurisprudenciales, se observa que la conflictividad en torno a la existencia de posibles situaciones de cesión ilegal de trabajadores se concentra en un significativo porcentaje en la contratación de servicios por parte de entes públicos. Sea como fuere, en la jurisprudencia reciente no se aprecian diferencias significativas en cuanto a los principales criterios tomados en consideración por la jurisprudencia a la hora determinar la concurrencia de un supuesto de cesión ilegal, ya sea en la esfera de las contratación privada o pública, quizá con la salvedad de que en alguna ocasión no se ha estimado la existencia de cesión ilegal por entenderse que lo concurrente era una colaboración entre organismos públicos desarrollada de forma reglada y amparada por disposiciones legales[26].

---

25 Cfr., en esta línea, GOERLICH PESET, J. M. (2018), op. cit, pág. 31.

26 Cfr. CEINOS SUÁREZ, A., op. cit., págs. 149-152. En la jurisprudencia relativamente reciente cabe destacar la STS 11-7-2012 (Rº 1591/2011), negando la existencia de cesión ilegal en un contexto de colaboración entre organismos públicos de la misma Administración autonómica, si bien apuntando que podría producirse una posición empresarial plural *ex* art. 1.2 ET que diera lugar a ciertas garantías para el trabajador. Y ello fue lo que se apreció por la jurisprudencia en algún otro supuesto, haciéndose responsables solidarios a los diversos entes públicos entre los que se había producido una colaboración que había dado lugar a una relación laboral extinguida de forma improcedente. Cfr. STS 4-2-2015 (Rº 96/2014).

A los criterios jurisprudenciales que mayormente se vienen empleando en la distinción entre contrata lícita y cesión ilegal nos referimos en el análisis subsiguiente.

2. CRITERIOS JURISPRUDENCIALES

2.1. La infraestructura empresarial

De la jurisprudencia obrante hace ya unas décadas se desprendía la idea de que una empresa para actuar como verdadera contratista y no incurrir en cesión ilegal debía ser una empresa con entidad real y no una mera empresa "*ficticia*" o "*aparente*"[27] ; lo que llevaba a centrar la atención —si no exclusiva al menos sí fundamentalmente— en que la misma contase con el patrimonio y/o los medios necesarios —vgr. instalaciones, maquinaria, herramientas— y, en definitiva, con la infraestructura idónea para desarrollar una actividad empresarial y ejecutar la actividad objeto de la contrata, pues de lo contrario quedaba puesto de manifiesto que la actividad desarrollada por la contratista consistía simplemente en una puesta a disposición de trabajadores al comitente[28].

Sin perjuicio de que, como se verá, la tesis del empresario "*aparente*" ha quedado, en buena medida, superada, también en la jurisprudencia más reciente cabe identificar

---

27 Sobre esta postura predominante durante cierto tiempo y una amplia crítica a la misma, RODRÍGUEZ RAMOS, M. J. (1995), op. cit., pág. 118 y ss. Considerando que la jurisprudencia estableció un criterio de valoración no claramente querido por el legislador, GARCÍA ROS, A., op. cit., pág. 8 y 9.

28 Cfr., en esta línea, SSTS 7-3-1988 (RJ 1863); 17-1-1991 (RJ 58), 17-7-1993 (R°1712/1992). Una jurisprudencia que estaría bastante influenciada por doctrina anterior del Tribunal Central del Trabajo. Cfr. SALA FRANCO, T. y RAMÍREZ MARTÍNEZ, J. M.: "Contratas y subcontratas de obras y servicios y cesión ilegal de trabajadores", (AAVV): *Descentralización productiva y protección del trabajo en contratas. Estudios en recuerdo de Francisco Blat Gimeno*, Tirant lo Blanch, Valencia, 2000, pág. 111.

algunos supuestos en que, para la calificación de cesión ilegal a la luz de los criterios del vigente art. 43.2 ET, se resaltó que la contratista no contaba con ninguno de los medios necesarios para el desarrollo de la actividad en cuestión, ni disponía de una organización propia y estable a esos efectos[29]. Y a la relevancia que puede adquirir este criterio relativo a la infraestructura empresarial, la jurisprudencia reciente añade alguna precisión en el sentido de que *"cualquiera que sea el título que permita a la subcontratada la utilización y disposición de esos medios, debe corresponder necesariamente a un negocio jurídico real y conforme a derecho, ajeno a cualquier intento de simulación o fraude con la utilización de subterfugios (…), dirigida a encubrir la mera y simple cesión gratuita de esos medios materiales por parte de la empresa principal, o de terceras empresas interpuestas con esa misma finalidad defraudatoria"*.

Si bien, por ello y al mismo tiempo, que la contratista compre o alquile herramientas o instrumentos a la principal, cuyo precio es descontado del conjunto de la facturación de la contrata, no se ha entendido como determinante para hablar de cesión ilegal, pues de tal simple circunstancia no cabe deducir que estemos ante un negocio jurídico ficticio o simulado[30]. Un entendimiento que vendría a confirmar el criterio de algún otro pronunciamiento precedente[31], dictado, sin embargo, en una época en que se podían advertir también sentencias con una valoración algo dispar[32].

Dicho lo anterior, como se apuntaba, lo cierto es que, junto con la idea del empresario *"ficticio"*, se han ido consolidando otros criterios de valoración que han matizado sig-

---

29 Cfr., por ejemplo, STS 26-10-2016 (Rº 2913/2014).

30 Cfr. SSTS 8-9-2020 (Rº 25/2019) y 10-6-2020 (Rº 237/2018).

31 Cfr. STS 15-4-2010 (Rº 2259/2009).

32 Cfr., por ejemplo, STS 8-3-2011 (Rº 791/2010), en la que se subraya, para declarar la existencia de cesión ilegal, que los medios de producción pertenecen a la empresa principal, sin otorgarle valor "matizante" al hecho de que la contratista abonase un precio por el uso de la maquinaria. Con una orientación similar, véase también STS 20-5-2015 (Rº 179/2004).

nificativamente tal idea en un doble sentido[33]. De un lado, se ha considerado que la existencia de una empresa real no excluye que en un momento determinado la misma actúe como mero suministrador de mano de obra. Así, resulta sintomática la consideración reflejada en la jurisprudencia reciente, en el sentido de que "*la clave no radica en que la empresa cedente sea real o ficticia o carezca de organización, sino que esa organización se haya puesto en juego*"[34]. Pero, por otra parte, también son posibles supuestos en que la aportación por parte de la contratista de una infraestructura mínima o inapreciable no significa necesariamente que concurra una cesión ilegal de trabajadores, pues, como también ha señalado la jurisprudencia, hay actividades productivas que pueden ser objeto lícito de contratación y no requieren la aportación de una infraestructura material relevante[35].

Centrándonos ahora en esta última perspectiva, no cabe, de entrada, identificar la exigencia de que la empresa contratista cuente con los medios e infraestructura necesaria con la imposibilidad de que la contrata se desarrolle en los locales o centros de trabajo de la empresa principal. De las pautas jurisprudenciales no cabe, en efecto, deducir que ello sea siempre relevante a efectos de calificar una contrata como cesión ilegal de mano de obra, pues la valoración dependerá, entre otros posibles factores, de cuál sea la actividad objeto de la contrata[36]. Y es que la delimitación de lo

---

33 Cfr., en esta línea, NORES TORRES, L. E.: "Cesión de trabajadores: concepto y régimen", en (AAVV): *Comentarios al Estatuto de los Trabajadores: libro homenaje a Tomás Sala Franco*, Tirant lo Blanch, 2016, pág. 815 y 816.

34 Por todas, STS 30-5-2024 (Rº 1743/2023).

35 Cfr., en esta línea, entre otras, SSTS 27-9-2011 (Rº 4095/2010), 10-6-2020 (Rº 237/2018); 24-5-2022 (Rº 694/2020).

36 Cfr., por ejemplo, SSTS 16-6-2003 (Rº 3054/2001); 25-11-2019 (Rº 81/2018); STS 24-5-2022 (Rº 694/2020). En la doctrina, descartando que el hecho de que la contrata se ejecute en el centro de trabajo de la principal sea un elemento en sí mismo relevante para valorar la existencia de cesión ilegal, véase, por ejemplo, SALA FRANCO, T y RAMÍREZ MARTÍNEZ, J. M., op. cit., pág. 110; NORES TORRES, L. E., op. cit., pág. 820.

que cabría entender como empresario *"aparente"* o *"ficticio"* no se puede si no que afrontar de forma muy apegada a las características de cada caso concreto, pues la valoración no puede seguir las mismas pautas en una contrata de, por ejemplo, servicios de limpieza o seguridad, que en una contrata de producción fabril[37].

En este sentido, como se apuntaba, en la jurisprudencia se identifican algunos supuestos en que se ha descartado la existencia de cesión ilegal considerando expresamente la simpleza o escasa relevancia de los medios materiales necesarios para ejecutar la actividad contratada[38]. A lo que cabe añadir que, a la hora de enjuiciar la entidad de una organización empresarial, también puede jugar un papel relevante lo intangible; esto es, todo aquello que puede englobarse bajo la idea de "*know-how*", cuya aportación a la contrata, especialmente apreciable en trabajos bastante especializados o cualificados, junto con otros elementos que denoten el ejercicio de los poderes empresariales por la contratista, puede resultar suficiente para excluir la existencia de cesión ilegal[39]. En esta misma línea se movería la orientación detectada en cierta doctrina judicial, que ha venido aludiendo a la idea de *"actividad laboral organizada"* para justificar la licitud de ciertas contratas[40]; una línea de tendencia que, en cierta medida, también cabe apreciar en la jurisprudencia del TS, tal y como se puede inferir del análisis subsiguiente[41].

---

37 Cfr., reflexionando en esta línea, SALA FRANCO, T. y RAMÍREZ MARTÍNEZ, J. M., op. cit., pág. 112 y 117.

38 Cfr. SSTS 27-9-2011 (Rº 4095/2010); 10-6-2020 (Rº 237/2018); 24-5-2022 (Rº 694/2020).

39 Cfr., en esta línea, NORES TORRES, L. E., op. cit., pág. 817; GOERLICH PESET, J.M. (2018), op. cit, pág. 29.

40 Cfr. LLANO SÁNCHEZ, M.: "Empresas de servicios, prestamismo laboral y precariedad en el empleo", Relaciones Laborales, Nº 2, 2006, págs. 6 y 10 (versión digital), y doctrina judicial allí citada.

41 Por hacer referencia expresa al *"know-how"*, baste ahora citar las SSTS 10-1-2017 (Rº 1670/2014) y 25-11-2019 (Rº 81/2018).

De entrada, la jurisprudencia más reciente es bastante refractaria a una calificación de la cesión ilegal que ponga el foco de atención en la aportación de ciertos medios materiales por parte de la empresa principal. Así, que, en el marco de una contrata de servicios de incidencias en redes telefónicas y telemáticas, la principal aportase ordenadores y ciertos equipos informáticos, utilizados por los trabajadores de la contratista, no se consideró determinante, en tanto que ésta última había puesto a disposición otros elementos materiales —inmuebles dotados con ciertos equipos—, además de haber puesto su organización empresarial al servicio de la ejecución de la contrata[42]. Asimismo, el que, como consecuencia de la externalización del servicio de atención farmacéutica en un centro de personas mayores, los trabajadores de la contratista se ubicasen en dicho centro y utilizasen ordenadores y programas informáticos de la comitente, no se consideró trascedente, pues, dada la índole del servicio contratado, la atención a los usuarios exigía tal ubicación y acceder a datos recogidos en tales programas informáticos, organizando la contratista el resto de elementos para ejecutar, a través de sus trabajadores, el servicio contratado[43]. Y en la misma línea de tendencia, no se ha considerado tampoco determinante, para declarar la existencia de cesión ilegal, que en la contrata concertada por un operador de transporte sea éste el que ponga a disposición de los conductores de la contratista un terminal tecnológico para recibir y enviar información sobre el desarrollo de las entregas, aportando la contratista los vehículos y otros medios materiales y organizativos[44]. O, en fin, por aludir a otro supuesto reciente, no se ha considerado relevante que los trabajadores de la contratista operasen con una base de datos del organismo público —un centro oficial de estadística— que actuaba como empresa comitente,

---

42 STS 10-1-2017 (Rº 1670/2014). En la misma línea, en supuestos que guardan cierta similitud, SSTS 8-1-2019 (Rº 3784/2016); 9-1-2019 (Rº 108/2018); 8-7-2020 (Rº 14/2019) y 10-6-2020 (Rº 237/2018)

43 STS 25-11-2019 (Rº 81/2018).

44 STS 4-10-2022 (Rº 2498/2021).

no pudiendo calificarse tal base de datos como el medio material indispensable para la prestación del servicio objeto de la contrata, sino el producto de la empresa principal a la que se incorpora el fruto del trabajo de la contratista en la parte del proceso productivo que le ha sido subcontratada; a saber, la captación e introducción de datos en las herramientas informáticas de la principal, considerándose, en cambio, medio imprescindible para ello la organización aportada por la contratista[45].

A la vista de lo anterior, cabe señalar que, en el actual contexto económico-productivo en que, sin duda, la tecnología ocupa una importancia de primer orden, el propio objeto de una contrata, requiriendo, por ejemplo, una cierta atención personalizada a un tercero-cliente o una prestación técnica de determinadas características, es lo que puede hacer natural y lógico no dar trascendencia a que se utilicen herramientas y programas tecnológicos de la principal. Y es que ese objeto de la contrata lo que puede justificar el acceso a sistemas y a información titularidad o en posesión de la principal, pues sin conocer ciertos datos, relativos a dicha empresa comitente y/o al tercero-cliente, resultaría imposible prestar el servicio pactado en el contrato empresas[46].

Estas apreciaciones inferibles de la jurisprudencia reciente sirven, en buena medida, para confirmar la observación formulada doctrinalmente en el sentido de que la aportación de infraestructura y medios por parte de la empresa principal no convierte necesariamente a la contrata en un fenómeno de interposición empresarial ilícito, sino que habrá que valorar la entidad de dicha aportación y compararla, en su caso, con la efectuada por el contratista y, en todo caso, con la capacidad organizativa con la que

45 STS 17-4-2024 (Rº 381/2020).

46 En esta línea, además de sentencias ya previamente citadas, cabe identificar también algunos pronunciamientos precedentes, tales como las SSTS 15-4-2010 (Rº 2259/2009) y 10-1-2017 (Rº 1670/2014).

ésta actúa para ejecutar la actividad contratada[47]. Y ello no parece, a su vez, incompatible con entender concurrente una cesión ilegal en supuestos en que, refiriéndose, por ejemplo, la contrata a servicios de apoyo a la gestión administrativa y comercial, no sólo no constaba prueba de que la contratista hubiera aportado ninguna clase de herramienta operativa para la actividad desarrollada por sus trabajadores —ordenadores, teléfonos, impresoras, mobiliario, suministros en general—, sino que se apreciaba, además, que entre lo aportado por la principal se incluía una herramienta tecnológica utilizada para la evaluación y control de la prestación de los trabajadores de la contratista de acuerdo con los términos organizativos fijados también por dicha principal[48]. Lo anterior nos sirve de preámbulo para referirnos a otros criterios relevantes en la distinción jurisprudencial entre la contrata lícita y la cesión ilegal de trabajadores.

2.2. *El ejercicio de los poderes empresariales*

Enlazando, en efecto, con esa referencia a la valoración sobre la capacidad organizativa de la contratista, de las líneas de tendencia jurisprudenciales se colige, como se apuntaba más arriba, que la tesis del empresario "*aparente*" o "*ficticio*" se ha visto claramente matizada en otro sentido. Así, según una reiterada observación jurisprudencial, no basta la existencia de una empresa real para excluir la interposición ilícita en el contrato de trabajo, sino que es la actuación empresarial en el marco de la contrata en relación con los poderes de organización y dirección, lo que deviene, aun en el caso de empresas reales y solventes, un elemento esencial[49]. Lo que, asimismo, engarza con aque-

---

47 Cfr., en esta línea, SALA FRANCO, T. y RAMÍREZ MARTÍNEZ, J. M., op. cit., p. 117; NORES TORRES, L. E., op. cit., pág. 816 y 817.

48 STS 23-5-2023 (Rº 183/2021).

49 Cfr., en esta línea, entre las primeras sentencias que establecieron esta orientación interpretativa, cabe citar las SSTS 10-2-1989 (RJ

lla repetida máxima jurisprudencial que se expresa en el sentido de que la esencia de la distinción entre la contrata y la cesión ilegal radica en que la organización de la empresa contratista se haya puesto *"en juego"* o *"a contribución"*[50].

Por ello, más allá del concreto alcance que se le pudiera atribuir a la idea de empresario *"aparente"*, cabe afirmar, coincidiendo con otros autores, que el elemento más determinante para distinguir entre la verdadera contrata y la *pseudocontrata* ilícita es la valoración, también a menudo compleja, de quién organiza, dirige y controla la actividad de los trabajadores ocupados en la contrata; esto es, el criterio relativo al ejercicio del poder de dirección[51]. Tal entendimiento resultaría coherente con la noción de empresario laboral que normativamente se imputa a quien ejerce un tal poder de dirección sobre una prestación de servicios; lo que, a su vez, conduce a hablar de la subordinación como una de las notas características —si no la más— de la noción de contrato de trabajo por cuenta ajena (art. 1.1 ET)[52].

La jurisprudencia en materia de cesión ilegal más reciente resulta, en efecto, elocuente en el sentido apuntado y ofrece algunas pautas indicativas cuando afirma que se trata de discernir si la empresa contratista mantiene la dirección y organización de la actividad laboral, sin trasladar tales facultades a la principal; lo que, en la práctica, se traduce en que sea dicha contratista la que adopte decisiones

---

874) y 19-1-1994 (Rº 3400/1992). Y en la jurisprudencia más reciente, véase, por ejemplo, SSTS 9-1-2019 (Rº 108/2018); 8-7-2020 (Rº 14/2019); 12-1-2022 (Rº 1903/2020).

50 Cfr., entre muchas otras, SSTS 12-12-1997 (Rº 3153/1996); 14-3-2006 (Rº 66/2005); 19-6-2012 (Rº 2200/2011); 9-1-2019 (Rº 108/2018); 24-5-2022 (Rº 694/2020).

51 Cfr., en esta línea, RODRÍGUEZ RAMOS, M. J. (1995), op. cit., págs. 74 y ss. y 125 y ss., y (2007), op. cit. págs. 16 y 26; LLANO SÁNCHEZ, M.., op. cit., págs. 3, 6 y 10. Y más recientemente BELTRÁN DE HEREDIA RUIZ, I.: "Contratas intensivas de mano de obra y la (alargada) sombra de la cesión ilegal", en (AAVV): *Desafíos emergentes de la descentralización productiva laboral*, Tirant lo Blanch, 2024, pág. 286.

52 Cfr., en esta línea, las consideraciones de RODRÍGUEZ RAMOS, M. J. (1995), op. cit., pág. 84 y 85.

en materias tales como: *"distribución de tareas, determinación de los turnos, vacaciones, descansos, aplicación de las facultades disciplinarias"*[53]. Con todo, a pesar de estas indicaciones, la valoración de este otro criterio también se revela, como se apuntaba, compleja y llena de matices.

Así, que la empresa contratista disponga entre su personal de unos coordinadores o supervisores del resto del personal encargado de ejecutar las tareas objeto de la contrata puede ser expresivo de que la contratista ostenta una capacidad organizativa y directiva relevante[54]. Sin embargo, la jurisprudencia también ha destacado con frecuencia que tales figuras pueden revestir a veces un carácter meramente formal, carente de suficientes contenidos o con unas funciones no demasiado diferenciables de las que ejerza la empresa comitente[55]. Por ejemplo, en este sentido, en un cierto caso se resaltó el hecho de que la persona coordinadora de la empresa contratista actuase, a efectos de concretar las funciones a realizar por los trabajadores, en continuo contacto y bajo la supervisión de otra coordinadora de la comitente, que estaba presente durante toda la jornada laboral en las dependencias donde se prestaba el servicio[56].

---

53 Cfr., entre otras, SSTS 24-5-2022 (Rº 694/2020); 11-1-2023 (Rº 2890/2019); 15-3-2023 (Rº 3390/2020); 23-5-2023 (Rº 183/2021); 17-4-2024 (Rº 381/2020); 30-5-2024 (Rº 1743/2023).

54 Cfr., en la jurisprudencia reciente, entre otras, SSTS 10-1-2017 (Rº 1670/2014); 8-1-2019 (Rº 3784/2016); 9-1-2019 (Rº 108/2018); 14-1-2020 (Rº 126/2019); 12-1-2022 (Rº 1903/2020); 24-5-2022 (Rº 694/2020); 29-11-2022 (Rº 119/2022); 11-1-2023 (Rº 2890/2019); 17-4-2024 (Rº 381/2020); 30-5-2024 (Rº 1743/2023); 28-1-2025 (Rº 1928/2022).

55 Cfr., en esta línea, entre otras, SSTS 17-7-1993 (Rº 1712/1992); 8-3-2011 (Rº 791/2010); 20-10-2014 (Rº 3291/2013); 20-5-2015 (Rº 179/2004); 26-10-2016 (Rº 2913/2014); 2-12-2021 (Rº 744/2019); 18-5-2021 (Rº 646/2019); 19-5-2022 (Rº 320/2021); 23-5-2023 (Rº 183/2021); 14-11-2023 (Rº 3361/2020). En esta misma línea, a la luz de doctrina judicial, BELTRÁN DE HEREDIA RUIZ, I., op. cit., pág. 287.

56 Cfr. SSTS 20-10-2014 (Rº 3291/2013) y 11-1-2023 (Rº 907/2019), declarando ambas la existencia de cesión ilegal en la contratación por parte de AENA del servicio de atención y protocolo de las salas de autoridades y vip de aeropuertos.

A la luz de lo anterior y de alguna otra pauta deducible también de la jurisprudencia, la mayor o menor relevancia atribuible a la existencia de unos coordinadores o supervisores de la contratista pasaría, en buena medida, por valorar si, efectivamente, tales coordinadores o supervisores tienen o no un cierto margen de decisión para, por ejemplo, asignar tareas o concretar determinados aspectos del trabajo a realizar y controlar su cumplimiento[57]. Y, por ello, la figura del coordinador de la contratista no impide la calificación de cesión ilegal, cuando sólo entra en contacto con los trabajadores ocupados en la contrata una vez al mes, para realizar tareas de gestión residuales, no teniendo una incidencia relevante en el día a día de la actividad laboral de aquéllos, que desarrollan su trabajo bajo las continuas instrucciones, órdenes y supervisión de personal de la empresa principal[58].

Por otra parte, ocurre que en la esfera de las facultades empresariales de organización y dirección se entremezclan a menudo y sin una fácil delimitación aspectos de índole más técnica y otras decisiones que son manifestaciones del poder de dirección más típicamente laboral. En este último sentido, para negar la existencia de cesión ilegal se deduce la relevancia otorgada por la jurisprudencia al hecho de que la determinación y supervisión de cuestiones relativas a la jornada, horarios —y su registro y control—, permisos, vacaciones, etc., de los trabajadores ocupados en la contrata se lleve a cabo por la contratista[59].

---

57 En la jurisprudencia reciente, negando la existencia de cesión ilegal, destacando, entre otras circunstancias, que era el personal de la subcontratista quien distribuía el trabajo entre sus operarios y dictaba procedimientos e instrucciones de trabajo, SSTS 8-7-2020 (Rº 14/2019); 8-9-2020 (Rº 25/2019); 29-11-2022 (Rº 119/2022).

58 Cfr. STS 14-11-2023 (Rº 3361/2020).

59 Cfr., entre otras, SSTS 2-11-2016 (Rº 2779/2014); 10-1-2017 (Rº 1670/2014); 9-1-2019 (Rº 108/2018); 8-9-2020 (Rº 25/2019); 10-6-2020 (Rº 237/2018); 12-1-2022 (Rº 1903/2020); 24-5-2022 (Rº 694/2020); 4-10-2022 (Rº 2498/2021); 17-4-2024 (Rº 381/2020); 28-1-2025 (Rº 1928/2022).

Es cierto que, en ocasiones, estas funciones pueden ser consideradas insuficientes o meramente accesorias a la simple aportación de mano de obra, ante la constatación de que la contratista no aporta medios materiales, ni una estructura e implicación organizativa significativa para llevar a cabo la actividad contratada[60]. Mas descartado que se trate de un supuesto que, cuando menos, se aproxime a la idea de empresario *"aparente"* o *"ficticio"*, no parece, como ya apuntó hace tiempo la doctrina, que el elemento relativo al ejercicio del poder de dirección se deba entender en términos absolutos y como excluyente de un margen de dirección técnico-organizativa de la empresa comitente por razón de la actividad contratada, no existiendo cesión si, aunque el comitente ejerza una cierta dirección sobre los trabajadores, éstos mantienen lazos suficientes de subordinación con la empresa contratista[61]. En este sentido, resultaría particularmente expresiva la doctrina de algún TSJ, a cuyo entender habría actividades que, cuando se subcontratan, requieren inevitablemente instrucciones y controles por parte de la principal para garantizar que el producto o servicio responde a sus pautas técnicas y/o comerciales; lo que no implica cesión ilegal, siempre y cuando la contratista conserve un cierto margen propio de decisión para organizar el trabajo en cuestiones tales como las referidas al tiempo de trabajo[62].

---

60 Cfr., en esta línea, SSTS 27-10-2011 (Rº 1784/2010); 5-11-2012 (Rº 4282/2011); 6-3-2013 (Rº 616/2012); 26-10-2016 (Rº 2913/2014).

61 Cfr., en esta línea, RODRÍGUEZ RAMOS, M. J. (1995), op. cit., pág. 127 y (2007), op. cit., pag. 27. Ya en la década de los 80, se advertía por la doctrina que, aunque debe ser el contratista el que ostente la dirección de los trabajos, a veces puede ser el empresario principal quien ejerza ciertas funciones directivas, si así lo exige el trabajo contratado. Cfr. GARCÍA MURCIA, J., op cit., pág. 24, nota 39; MARTÍN VALVERDE, A.: "Responsabilidad empresarial en caso de subcontrata de obras o servicios", (AAVV): *Comentarios a las leyes laborales*, Edersa, Madrid, 1988, pág. 238. Véase también, con cita de otros autores en esta misma línea, NORES TORRES, L. E., op. cit., pág. 818.

62 Cfr., entre otras, SSTSJ Galicia 5-6-2014 (Rº 898/2014), 4-2-2016 (Rº 5102/2015); 29-3-2021 (Rº 2758/2020).

Y, al hilo de lo anterior, de varios pronunciamientos del TS se puede colegir que el Tribunal lleva a cabo una suerte de cotejo entre las funciones de corte organizativo y directivo que en el caso concreto son asumidas por la contratista y por la principal[63]. Ello ya de por sí denota un reconocimiento, al menos implícito, de que el criterio relativo al ejercicio del poder de dirección admite gradaciones. En algunas de tales sentencias relativamente recientes, se concluyó que las facultades ejercidas por la contratista —concesión de vacaciones, permisos, imposición de sanciones, cierta formación— resultaban muy escasas en comparación con las ejercidas por la comitente, que era la que daba directamente órdenes específicas sobre el trabajo diario a realizar[64]. O incluso de forma algo más evidente, en algún otro pronunciamiento, considerando factores tales como que la principal proporcionaba a los trabajadores de la contratista la misma formación que a sus empleados, impartía diariamente unas directrices organizativas dirigidas, asimismo, a los trabajadores de ambas empresas y realizaba también el control de presencia del conjunto de los trabajadores, se concluyó que era la principal y no la contratista la que se encargaba de los elementos relevantes de coordinación, gestión y dirección empresarial[65].

Ahora bien, de algunas otras sentencias, también bastante cercanas en el tiempo, cabe poner de relieve que el Alto Tribunal, para descartar la existencia de cesión ilegal, ha puesto particularmente el acento en aspectos como las ciertas funciones de supervisión desarrolladas por los coordinadores de la contratista y en las decisiones y funciones de esta empresa en extremos relativos al tiempo de trabajo y su control, añadiéndose, además, en algunos casos, que la conclusión sobre la inexistencia de cesión ilegal no quedaba desvirtuada "*por circunstancias que son propias y definito-*

---

63 En esta misma línea, LLANO SÁNCHEZ, M., op. cit., pág. 6.

64 SSTS 16-5-2019 (Rº 3861/2016 y Rº 4082/2016), con votos particulares discrepantes. Con una orientación similar, véase también STS 14-11-2023 (Rº 3361/2020).

65 STS 17-12-2019 (Rº 2766/2017).

rias de la relación existente entre una empresa adjudicataria de un servicio y su cliente, como lo son el que la cliente disciplinara en sus aspectos generales la forma en que habían de ser realizadas las tareas inherentes al objeto de la contratación, ya que estas circunstancias resultan obviamente necesarias para la coordinación del desarrollo de la propia contrata y no entrañaban en modo alguno cesión de facultades de dirección y control de la cliente sobre la plantilla de la empleadora"[66].

Una orientación interpretativa que, por cierto, se movería en la misma línea que la seguida por la jurisprudencia en algún otro ordenamiento nacional, subrayándose que la prohibición de cesión de mano de obra no debe obstar a una natural y consustancial coordinación técnica ejercida por las empresas comitentes sobre las contratistas y sus trabajadores en las contratas de diversa índole[67]. Es verdad que no siempre resultará fácil determinar dónde están los límites entre las instrucciones de carácter técnico y/o de coordinación y aquellas otras que suponen un ejercicio de los poderes directivos del empresario laboral[68], pero, a mi modo de ver, siempre que se mantenga un margen de dirección significativo en manos de la contratista, debe aceptarse como natural un tal deslinde inevitablemente diluido,

---

66 STS 12-1-2022 (Rº 1903/2020), seguida por muchas otras sentencias resolviendo en el mismo sentido supuestos muy semejantes relativos a concesiones administrativas de la Junta de Andalucía para el servicio de asistencia escolar de alumnos con necesidades especiales. Cfr., entre otras, STSS 21-1-2022 (Rº 553/2020); 13-1-2023 (Rº 2715/2020); 30-11-2023 (Rº 1024/2022); 30-5-2024 (Rº 1743/2023); 28-1-2025 (Rº 1928/2022). Y, en la misma línea, cabe citar algunos otros pronunciamientos referidos a contratas con otros perfiles, como, por ejemplo, la STS 10-6-2020 (Rº 237/2018) o la STS 24-5-2022 (Rº 694/2020).

67 Cfr., respecto a la experiencia italiana, con cita de jurisprudencia reciente, SPEZIALE, V.: "Il fenomeno dell'appalto nei suoi profili strutturali. Appalto lecito, illecito e intermediazione di mano d'opera", WP CSDLE "Massimo D'Antona", Nº 481, 2024, pág. 18 y 19.

68 Cfr., en esta línea, SALA FRANCO, T. y RAMÍREZ MARTÍNEZ, J. M., op. cit., pág. 114; LLANO SÁNCHEZ, M.., op. cit., pág. 8; NORES TORRES, L. E., op. cit., pág. 818.

pues de otro modo seguramente habría actividades en que resultarían materialmente imposibles las legítimas decisiones de descentralización productiva[69].

Y, conectado a lo anterior, se puede también plantear la dificultad de determinar el valor que adquieren otras posibles circunstancias que guardan relación, asimismo, con los poderes empresariales, particularmente con decisiones o funciones relativas a la selección, formación, evaluación, etc., de los trabajadores de la contratista. Jurisprudencialmente, se ha destacado que difícilmente puede ejercer como verdadero empresario quien tiene fuertemente limitadas sus facultades en la selección del personal ocupado en la contrata[70]. Y, en esta línea, a efectos de declarar la existencia de cesión ilegal, se le ha otorgado cierta relevancia a que el comitente se reservarse facultades de control de idoneidad y de rechazo de los trabajadores de la contratista[71]. Mas, no es menos cierto que en tales casos esas funciones de la empresa principal iban, en buena medida, acompañadas de la ausencia de otros elementos materiales, organizativos y de dirección relevantes aportados por la contratista[72]. Por ello, dicha jurisprudencia no sería probablemente incompatible con el criterio que también se infiere de otras sentencias del TS; a saber: siempre que la

---

69 En esta línea, hay quien ha destacado que la dificultad de establecer una frontera nítida respecto a quien ejerce el poder de dirección en determinadas contratas, tales como las de limpieza o mantenimiento de edificios, explicaría el hecho de que en algún otro ordenamiento, como es el caso italiano, las mismas hayan sido excluidas de la prohibición de cesión ilegal. Cfr. RODRÍGUEZ RAMOS, M. J. (1995), op. cit., pág. 127.

70 Cfr. STS 17-7-1993 (Rº 1712/1992) y 17-12-2001 (Rª 244/2001).

71 Cfr. SSTS 20-10-2014 (Rº 3291/2013); 16-5-2019 (Rº 3861/2016 y Rº 4082/2016); 11-1-2023 (Rº 907/2019).

72 Además de la SSTS citadas en las dos notas al pie precedentes, véase también, por ejemplo, las SSTS 19-1-1994 (Rº 3400/1992); 17-12-2019 (Rº 2766/2017); 6-5-2020 (Rº 2414/2017), en las que, junto con la formación impartida directamente por la principal, se constata que la ejecución de la actividad contratada se llevaba a cabo fundamentalmente a través de los medios materiales y bajo las directrices organizativas de dicha principal.

empresa contratista aporte cierta infraestructura y organización, no constituye indicio relevante de cesión ilegal el hecho de que la empresa principal se reserve, por ejemplo, funciones de determinación del perfil de los trabajadores ocupados en la contrata; o ciertas funciones de formación y de control de cómo estos ejecutan sus servicios, en tanto que, nuevamente, se reputan como funciones "*necesarias para la coordinación del desarrollo de la propia contrata*"[73].

Así, como ejemplo reciente, la jurisprudencia ha rechazado otorgarle una importancia significativa al hecho de que la empresa principal pudiese controlar el acceso de los trabajadores de contratista a los sistemas informáticos de aquella principal, en tanto que ello, a tenor de las circunstancias concurrentes, lo único que evidenciaba era un interés en garantizar la seguridad de ciertos datos, sin suponer un control, dirección y organización de la actividad laboral, que fuese más allá del que le corresponde al comitente en "*la genérica y natural supervisión de las tareas subcontratadas*"[74].

2.3. *Otros criterios o indicios*

De un repaso a la jurisprudencia se observa que en ocasiones se alude o se presta, en mayor o menor medida, atención a otros elementos a efectos de valorar la existencia de una contrata lícita o de una cesión ilegal. Con todo, aunque en algunos casos se trate de aspectos que pueden guardar una cierta conexión con elementos y cuestiones ya previamente reseñadas, su pertinencia a efectos de calificación de la cesión ilegal debe necesariamente matizarse, teniendo, a mi juicio, una significación menor —o incluso nula, según las circunstancias—, por las diversas razones

---

73 STS 8-1-2019 (Rº 3784/2016). Con una orientación semejante, cabe citar, asimismo, las SSTS 2-11-2016 (Rº 2779/2014); 10-1-2017 (Rº 1670/2014); 9-1-2019 (Rº 108/2018); 8-9-2020 (Rº 25/2019); 24-5-2022 (Rº 694/2020); 4-10-2022 (Rº 2498/2021); 29-11-2022 (Rº 119/2022).

74 STS 17-4-2024 (Rº 381/2020).

que a continuación se apuntan; de ahí los interrogantes presentes en los títulos de siguientes epígrafes.

A) ¿Autonomía y justificación técnica de la contrata?

Tal es lo que ocurre con la denominada autonomía y justificación técnica de la contrata. Aunque no resulta fácil deducir este criterio de valoración de los elementos plasmados en el art. 43.2 ET para diferenciar la contrata y la cesión ilegal, ni de acotar con demasiada precisión a qué se refieren los tribunales cuando aluden a ello[75], parece que con tales referencias se plantea la necesidad de valorar si la actividad realizada por la empresa contratista es diferenciable o si, por el contrario, no se distingue sustancialmente de las incluidas y ejecutadas en el proceso productivo de la empresa principal o, en su caso, de las funciones de la Administración comitente, sin perjuicio de que aquella actividad de la contratista pueda quedar conectada con dicho proceso o funciones de la principal, siendo lo relevante que comporte una actividad de cierta especificidad o especialización, aportando la contratista su organización a la misma[76].

Así, intentando descifrar pautas más concretas, la falta de una autonomía y justificación técnica de la contrata parece que podría ponerse en relación con aquellos supuestos en que la jurisprudencia ha puesto un cierto acento en el hecho de que las funciones desarrolladas por los trabajadores de la contratista no se distinguían, sino que se confundían y mantenían una identidad básica con las de los empleados de la comitente[77]. En esta misma línea, en

---

75 Cfr., en esta línea, BELTRÁN DE HEREDIA RUIZ, I., op. cit., págs. 281 y 282.

76 A tal aproximación se puede llegar a partir de la lectura conjunta de diversos pronunciamientos jurisprudenciales. Cfr., entre otras, SSTS 3-10-2005 (Rº 3911/2004); 14-3-2006 (Rº 66/2005); 27-2-2012 (Rº 1325/2021); 19-6-2012 (Rº 2200/2011); 10-6-2020 (Rº 237/2018); 8-7-2020 (Rº 14/2019); 23-5-2023 (Rº 183/2021).

77 Cfr., relativa a una cesión ilegal apreciada en el marco de una contrata pública, STS 19-6-2012 (Rº 2200/2011). En la misma lí-

la doctrina judicial, la falta de autonomía y diferenciación del objeto de la contrata se habría subrayado, por ejemplo, al apreciarse que, en el marco de un contrato de servicios relativo a personal de cabina de vuelo para una empresa de aerolíneas, se habría producido una total confusión de plantillas y funciones entre los trabajadores contratados por cada una de las empresas, asumiendo la empresa principal la organización de todo el personal de cabina y un control inmediato, directo y constante de la ejecución de su labor[78]. En atención a ello, tal vez cabe afirmar que el criterio de la autonomía y justificación técnica de la contrata quedaría, en alguna medida, puesto en conexión con el antes destacado elemento relativo al ejercicio del poder de dirección.

Ahora bien, dado el carácter más bien vago que presentan tales referencias, a lo dicho anteriormente conviene sumar algunas puntualizaciones sobre su alcance en la calificación de la cesión ilegal de trabajadores. Y es que, de entrada, ocurre que tales referencias evocan, en cierto punto, a la jurisprudencia que ha intentado precisar la noción de contratas de *"propia actividad"* a efectos de las responsabilidades solidarias *ex* art. 42.1 ET; esto es, las contratas que conciernen de forma inherente al ciclo productivo de la empresa principal, afectando sensiblemente a su actividad empresarial, por incorporarse al producto o resultado final del servicio prestado al mercado por dicha empresa, por contraposición a las contratas de actividades complementarias, no indispensables o no nucleares[79].

---

nea, aunque sin referirse expresamente a la autonomía técnica, STS 27-10-2011 (Rº 1784/2010). Y véase también la más reciente STS 23-5-2023 (Rº 183/2021) que, referida a una contrata en el ámbito privado, entiende que no es posible vislumbrar cuál es la autonomía desarrollada por los trabajadores de la contratista, dado que se habían limitado a desempeñar las mismas funciones que los empleados de la comitente.

78 SAN 17-3-2021 (Rº 265/2020). Refiriéndose a la falta de autonomía técnica en esta misma línea, STSJ Galicia 14-3-2023 (Rº 5871/2022).

79 Cfr., entre otras, SSTS 18-1-1995 (Rº 150/994); 22-11-2002 (Rº 3904/2001); 15-6-2017 (Rº 972/2016) y 23-1-2020 (Rº 2232/2017).

Pues bien, conviene no incurrir en una posible confusión de planos, toda vez que ya hace tiempo que se viene entendiendo que la ilicitud de una contrata no parece que dependa de la integración de la actividad contratada en el ciclo productivo de la principal[80], de modo que la concurrencia de la nota de *"propia actividad"* no sería en sí misma determinante para la calificación de cesión ilegal, pues precisamente el art. 42 ET viene a confirmar que tales contratas pueden ser perfectamente lícitas. Es más, como resaltó en su día una jurisprudencia relativa a una contrata de gestión de amplios servicios concertada por una entidad bancaria, sería esa pertenencia del objeto de la contrata al núcleo esencial de la actividad de la principal, la que explicaría que el trabajador de la contratista entre más en contacto con los empleados de la comitente y deba conocer más *"la dinámica empresarial de ésta, introduciéndose a veces en toda la gama de comunicaciones que existen dentro de la misma"*[81]. En esta misma línea podría ser expresiva alguna otra jurisprudencia más reciente[82].

A pesar de la indefinición apuntada y de esa posible confusión de planos, hay quien, sin tampoco demasiada precisión, aboga por otorgar una importancia esencial al criterio de la autonomía técnica de la contrata para distinguirla de la cesión ilegal[83]. Se insiste, a lo sumo, en la necesidad de apreciar si la actividad realizada por la empresa auxiliar es diferente o indiferenciada del proceso productivo de la principal, considerándose que a tal efecto podrían valorarse factores tales como los antecedentes de gestión directa de la actividad por la principal o el modo en que

---

80 Cfr. GARCÍA MURCIA, J., op. cit., pág. 24. Asimismo, NORES TORRES, L. E., op. cit., pág. 819 y 820.

81 STS 15-4-2010 (Rº 2259/2009).

82 STS 9-1-2019 (Rº 108/2018).

83 ESTEVE SEGARRA, A.: "*Puntos críticos en el tratamiento jurisprudencial e inspector de la descentralización empresarial, la contratación laboral y las empresas multiservicios*", Bomarzo, Albacete, 2019, pág. 50 y 51. En una línea similar, BELTRÁN DE HEREDIA RUIZ, I., op. cit., págs. 281 y 282.

actúan otras empresas del mismo sector[84]. Frente a ello, no cabe si no que reafirmarse en que un planteamiento de tal guisa supone el riesgo de confundir la cesión ilegal con la libre decisión de externalizar actividades referentes a la *"propia actividad"*.

Y abundando en este terreno, en relación con un tema de actualidad, como es el de las contratas de transporte de ciertas plataformas digitales, se ha apuntado que existiría falta de autonomía técnica y, por tanto, cesión ilegal por insertarse la contrata en la esencia del proceso productivo de la plataforma principal y presentarse la actividad de la contratista como no distinguible del negocio de la plataforma frente al cliente final[85]. Sobre la posible cesión ilegal en este ámbito de las plataformas[86], el TS todavía no se ha pronunciado particularmente —aunque sí lo ha hecho en algún supuesto quizá bastante próximo[87]— y en la doctrina judicial podemos encontrar resoluciones con criterios algo dispares. Algunas decisiones han negado la existencia de cesión ilegal, poniendo el acento en las claras manifestaciones advertidas de ejercicio del poder de organización y dirección por parte de la empleadora contratista, amén de en la relevante contribución material que representarían los vehículos y otros equipos aportados por dicha contratis-

---

84 ESTEVE SEGARRA, A.: "Empresas multiservicios: cesión ilegal de trabajadores y subcontratación", en (AAVV): *La externalización productiva a través de la subcontratación*, Comares, Granada, 2018, pág. 274.

85 Cfr., en esta línea, ESTEVE SEGARRA A. y TODOLÍ SIGNES, A.: "Cesión ilegal de trabajadores y subcontratación en las empresas de plataforma digitales", Revista de Derecho Social, Nº 95, 2021, particularmente, págs. 51 y 61.

86 Sobre el tema, me remito también a mi trabajo: JURADO SEGOVIA, A.: "En torno a la externalización de actividades empresariales y la posible cesión ilegal de trabajadores en el ámbito de las plataformas digitales", Labos, Nº 2, 2022.

87 STS 4-10-2022 (Rº 2498/2021), en la que no se aprecia la existencia de cesión ilegal en la contrata concertada por un operador de transporte.

ta para ejecutar la contrata[88]. En cambio, otras resoluciones judiciales se han decantado por la existencia de cesión ilegal, resaltando la importancia que para la ejecución de la contrata tienen las aplicaciones tecnológicas titularidad de la empresa principal, que se entienden que condicionan, además, el modo de ejecutar la prestación laboral de los trabajadores de la contratista, a lo que se le suma también alguna referencia que apuntaría a esa idea de una falta de autonomía o justificación técnica de la contrata, por producirse una cierta coincidencia entre el fin comercial perseguido por la empresa principal y el objeto de las contratas, ejecutadas con un nivel considerable de pautas impuestas por la principal a las contratistas[89].

Cabe insistir, nuevamente, que en este tipo de razonamientos existe, a mi juicio, una cierta confusión de planos, no resultando de recibo inclinar la balanza hacia la declaración de la cesión ilegal por el hecho de que se trate de una contrata integrada en el núcleo esencial de la actividad productiva y comercial de la empresa principal. Cuando una empresa, cuya actividad se presenta —por seguir haciendo referencia a uno de los supuestos en que la cuestión se está

---

88 Cfr. STSJ Asturias 17-5-2022 (Rº 645/2022); STSJ Cataluña 11-12-2023 (Rº 57/2022); STSJ (Cont. Admvo.) Extremadura 30-1-2024 (Rº 185/2023). Para consideraciones a la luz de la segunda sentencia citada, con una perspectiva discrepante, MORENO GENE, J.: "Plataformas digitales de reparto y empresas de flota o de última milla: subcontratación laboral versus cesión ilegal de trabajadores. A propósito de la STSJ de Cataluña de 11 de diciembre de 2023", Revista General de Derecho del Trabajo y de la Seguridad Social, Nº 68, 2024, pág. 731 y ss.

89 STSJ Comunidad Valenciana 1-2-2024 (Rº 83/2023). Aunque sin referirse expresamente a la autonomía técnica de la contrata, pero con razonamientos en la línea apuntada, véase también STSJ País Vasco 21-11-2023 (Rº 1413/2023). Para un comentario, en buena medida, discrepante con ocasión de la primera de las sentencias citadas, GOERLICH PESET, J. M.: "Plataformas digitales y externalización: a propósito de la STSJ Com. Valenciana 328/2024, 1 febrero", El Foro de Labos, 2024, https://www.elforodelabos.es/2024/04/plataformas-digitales-y-externalizacion-a-proposito-de-la-stsj-com-valenciana-328-2024-1-febrero/.

plateando— como una plataforma de comercio electrónico y contrata con una tercera empresa el servicio de último transporte/reparto de los productos adquiridos hasta el destinario final, está contratando un servicio que razonablemente cabe entender que se corresponde con su *"propia actividad"*, generándose, en su caso, las consecuencias derivadas del art. 42 ET; mas de igual modo razonable resulta entender que en esa actividad la contratista puede aportar cierta especialización en la prestación de un servicio de reparto que es muy específico dentro de los procesos productivos que singularizan la actividad de la principal, más propiamente encuadrable en la comercialización y la logística (ofrecimiento de productos y ofertas, gestión de compras y pedidos, almacenaje, empaquetado, etc.). Dicha especialización de la empresa contratista quedaría puesta de manifiesto al centrarse exclusivamente en tales actividades de transporte; actividades que sus propias características las hacen, en buena medida, distinguibles de aquellas otras que preceden o quedan conectadas a dicho transporte[90].

No parece, además, que el hecho de que la principal haya decidido externalizar por completo determinadas funciones esenciales de su ciclo productivo sea indicativo de la ausencia de autonomía y justificación técnica de la contrata, sino incluso más bien lo contrario. En un pronunciamiento reciente del TS cabe identificar una pauta en esta línea, negándose que se pueda confundir la existencia de cesión ilegal con que un operador de transporte no tenga en su plantilla trabajadores dedicados a las tareas esenciales de transporte que ha contratado con una tercera empresa, pues, como sugiere la sentencia, la ausencia de una mezcla entre las funciones de los trabajadores de la principal y de la contratista juega más bien como un indicio de la existencia de autonomía y justificación de la contrata[91].

---

90 Cfr., en esta línea, negando la existencia de cesión ilegal en contratas de transportes, SSTSJ País Vasco 2-5-2007 (Rº 731/2007); Galicia 1-3-2011 (Rº 4900/2010) y Cataluña 13-1-2012 (Rº 5434/2011).

91 STS 4-10-2022 (Rº 2498/2021).

Por lo demás, como desprende, en buena medida, de consideraciones ya formuladas, también habría que evitar otra posible confusión de argumentos, pues cuando los tribunales aluden a la necesaria autonomía técnica de la contrata no parece que estén negando por completo la posibilidad de que la principal ejerza ciertas funciones de dirección y coordinación técnica sobre la actividad contratada. Como se apuntó anteriormente, cabe detectar una orientación jurisprudencial que descarta que se pueda asimilar con automatismo el ejercicio de ciertas funciones técnicas por parte de la principal con la cesión ilegal de mano de obra, incluso en supuestos en que para ello se utilizan aplicaciones tecnológicas de dicha principal[92]. Y, de hecho, hay doctrina judicial que viene negando la existencia de cesión ilegal, a pesar de llegar a advertir incluso una *"subordinación técnica"* de la contratista a la principal, compatible con apreciar, a través del examen de otros elementos, que la contratista goza de cierta autonomía organizativa en el desarrollo de una actividad con perfiles propios, así como en la dirección de los trabajadores empleados en tal actividad[93].

B) ¿Riesgo empresarial y precio de la contrata?

En otro orden de consideraciones, el hecho de que para trazar la frontera entre la contrata lícita y la cesión ilegal se haya venido poniendo el acento en el carácter de verdadero empresario de la contratista, debiendo quedar, además,

---

92 Cfr., en esta línea, GOERLICH PESET, J. M. (2024), cit., pág. 5, con cita de las SSTS 10-6-2020 (Rº 237/2018) y STS 4-10-2022 (Rº 2498/2021).

93 Cfr., en esta línea, entre otras, SSTSJ Madrid 22-3-2010 (Rª 4260/2009) y 21-9-2020 (Rº 56/2020); Galicia 21-5-2014 (Rº 2770/2012) y 4-2-2016 (Rº 5102/2015); Andalucía 1-6-2017 (Rº 270/2017); Cataluña 10-3-2020 (Rº 6034/2019). Una lectura semejante parece que estaba ya presente en la doctrina del antiguo Tribunal Central del Trabajo. Cfr. SALA FRANCO, T. y RAMÍREZ MARTÍNEZ, J. M., op. cit., págs. 113 y 114. Con reseña, asimismo, de doctrina judicial en este sentido, BELTRÁN DE HEREDIA RUIZ, I., op. cit., pág. 287.

de manifiesto que la misma ha puesto en juego una cierta estructura y organización empresarial, seguramente es lo que explique que en ocasiones se haya aludido también a la asunción por tal contratista del típico riesgo empresarial dentro del conjunto de elementos o criterios con cierta relevancia en la calificación de la cesión ilegal[94]. Y, por ello, a su vez, desde una perspectiva menos teórica y más fáctica, la jurisprudencia se ha referido a veces al modo de facturación fijado para la contrata, toda vez que, si el mismo gira en torno al coste de la mano de obra, podría ser indicativo de que la contrata supone esencialmente un suministro de personal, sin asumir la contratista el riesgo propio del carácter de empresario[95].

Ahora bien, a tenor de la propia jurisprudencia no parece que se trate éste de un indicio o criterio de calificación demasiado definitivo[96], sobre todo porque su apreciación parece quedar muy conectada y condicionada por la valoración hecha sobre otros elementos existentes en cada caso concreto[97]. Y es que cuando la contrata es poco más que la aportación de mano de obra suele ser difícil encontrar fórmulas de retribución de la misma que expresen algo diferente. Así, el sistema de precios pactado resulta, ciertamente, llamativo, por confirmador, cuando la contratista no aporta prácticamente ningún medio material para la ejecución de la contrata, tiene limitadas sus facultades para decidir cuántos trabajadores resultan necesarios en cada

---

94 Ya en la STS 17-1-1991 (RJ 1991/58) se podía leer que existe verdadera contrata cuando la contratista aporta en la ejecución de la contrata su *"propia dirección y gestión, con asunción del riesgo correspondiente (…) inherentes a la condición de empleador"*. En la jurisprudencia reciente, por ejemplo, STSS 23-5-2023 (Rº 183/2021); 17-4-2024 (Rº 381/2020); 30-5-2024 (Rº 1743/2023). En la doctrina, citando, asimismo, a otros autores, NORES TORRES, L. E., op. cit., pág. 818.

95 Cfr., en esta línea, entre otras, SSTS 17-7-1993 (Rº 1712/1992); 16-6-2003 (Rº 3054/2001); 14-3-2006 (Rº 66/2005). Y más recientemente, STS 10-6-2020 (Rº 237/2018);

96 En esta línea, considerando que ello puede ser un dato significativo, "*pero solo un dato más*", STS 9-1-2019 (Rº 108/2018).

97 Cfr., en esta línea, GOERLICH PESET, J. M. (2024), cit., pág. 5.

momento para ejecutarla y, a la postre, dicho sistema de precios pactado descansa expresa y fundamentalmente en los costes salariales y de Seguridad Social[98].

Sin embargo, no tiene la misma significación el sistema de precio de la contrata cuando, aunque el número de trabajadores ocupados en la contrata tenga cierto peso en el mismo, emergen otras circunstancias, propias o no del sistema de facturación pactado, que engarzan con otros medios, organización y costes asumidos por la contratista diferentes a la mano de obra. No se dio, así, por ejemplo, relevancia al hecho de que el precio fijado operase conforme a un baremo operario/hora al quedar acreditado que la contratista aportaba una parte de los medios relevantes para la contrata y asumía otros costes en tal sentido[99].

C) ¿Imagen de los trabajadores ocupados en la contrata?

Del análisis de la jurisprudencia en materia de cesión ilegal, se observa, asimismo, la cierta atención que se presta a aspectos relativos a la apariencia o imagen exterior (vestuarios, rótulos, logotipos, tarjetas de identificación, etc.) de los trabajadores ocupados en la contrata. No obstante, en términos generales, se puede afirmar que la relevancia de estos elementos, en cualquiera de los dos sentidos calificadores, quedaría también muy condicionada por la ponderación efectuada sobre otros elementos antes apuntados y que cabe reputar como manifestaciones elocuentes de los criterios de valoración más determinantes; esto es, la aportación de infraestructura y/o organización idónea para ejecutar la actividad y el ejercicio de los poderes empresariales.

---

98 A estos perfiles responden, en gran medida, los supuestos resueltos, declarando la existencia de cesión ilegal, por las SSTS 17-7-1993 (Rº 1712/1992) y 16-6-2003 (Rº 3054/2001).

99 Cfr., en esta línea STS 9-1-2019 (Rº 108/2018).

Así, por ejemplo, ya en su día la jurisprudencia le restó relevancia a que el trabajador de la contratista pudiese llevar ropa distintiva de la misma, ante la evidencia de que el mismo prestaba sus servicios sin que dicha contratista aportase infraestructura significativa y principalmente bajo la dirección de los mandos de la principal[100]. Por su parte, en algunos otros supuestos más recientes, se ha subrayado el hecho de que los trabajadores de la contratista utilizasen ropa u otros elementos identificativos de la empresa que actuaba como principal, pero como elemento muy unido a que era esta empresa la que prácticamente organizaba todo el sistema de trabajo y aportaba el conjunto de medios esenciales para realizar la prestación laboral[101]. Y, al mismo tiempo, en diversos asuntos abordados también por jurisprudencia reciente no se le ha dado relevancia a que los trabajadores utilizasen elementos de identificación de la empresa principal al constatarse que las contratistas eran las que, en gran medida, organizaban y dirigían la actividad de tales trabajadores[102].

De la anterior aproximación se desprende, pues, que se trataría de elementos que juegan un papel calificador más bien accesorio o de valoración a mayor abundamiento. Pese a ello, también recientemente algunos autores han abogado por darle una mayor importancia a aspectos como los señalados. En este sentido, la "imagen" o "marca" con la que se identifican los trabajadores de la contratista se considera relevante poniéndola en relación con la antes referida idea de la necesaria autonomía técnica de la contrata, que se entiende que quedaría en entredicho al exigirse que los trabajadores de la contratista se presenten hacia el exterior como trabajadores del comitente[103]. Se trata, de

---

100 Cfr. STS 14-9-2001 (Rº 2142/2000).

101 STS 20-10-2014 (Rº 3291/2013). En la misma línea, SSTS 6-5-2020 (Rº 2414/2017) y 23-5-2023 (Rº 183/2021).

102 Cfr., entre otras, SSTS 10-1-2017 (Rº 1670/2014); 9-1-2019 (Rº 108/2018); 8-7-2020 (Rº 14/2019); 4-10-2022 (Rº 2498/2021); 17-4-2024 (Rº 381/2020).

103 ESTEVE SEGARRA A. y TODOLÍ SIGNES, A., op. cit., pág. 61.

nuevo, de una lectura que se propone en orden a apreciar concurrente una cesión prohibida en las amplias contratas de las denominadas empresas de plataforma, si bien se admite que la doctrina del TS se movería en otra línea de entendimiento[104].

Ciertamente, como se apuntaba, de la jurisprudencia se desprende que no se le viene otorgando demasiada relevancia a que, por ejemplo, los trabajadores de la contratista se identificasen como de la principal o al logotipo de la misma presente en el centro de trabajo de la contratista. Y la razón de ello descansaría, aparte de, como se ha visto, en la valoración efectuada de otros elementos, en que esa imagen exterior sería lógica para relacionarse con los clientes que tienen contratados o quieren contratar servicios con la principal[105]. De hecho, en el caso de una contrata propia del sector transporte, en el que también quedarían encuadradas ciertas contratas de las empresas de plataforma, no se le ha dado relevancia alguna a que contractualmente se hubiese pactado que los vehículos de la contratista se identificasen con la imagen corporativa de la principal[106]. Y, en la misma línea, en el ámbito de la externalización de servicios por parte de la Administraciones Públicas, tampoco se ha considerado significativo que los usuarios creyesen estar relacionándose directamente con la Administración al entrar en contacto con los trabajadores de la empresa a la que se externalizó el servicio[107]. Se aprecia, en definitiva, una tendencia bastante clara a no considerar circunstancias en esta línea como un elemento determinante de cesión ilegal, en tanto que la dinámica de muy diferentes contrataciones de obras o servicios hace lógico que los trabajadores

---

104 ESTEVE SEGARRA, A.: "La ampliación del trabajo autónomo: subcontratación e interposición en empresas de plataforma", Revista Española de Derecho del Trabajo, Nº 277, 2024, pág. 11 y 12 (versión digital).

105 Cfr., en esta línea, SSTS 10-1-2017 (Rº 1670/2014) y STS 9-1-2019 (Rº 108/2018).

106 STS 4-10-2022 (Rº 2498/2021).

107 Cfr. STS 2-11-2016 (Rº 2779/2014) y STS 24-5-2022 (Rº 694/2020).

hayan de identificarse frente a clientes u otros terceros con el nombre o imagen de la empresa principal[108].

A mi modo de ver, esta orientación jurisprudencial parece razonable, pues a otro entendimiento se le podría replicar algo similar a lo objetado frente a la tesis de la "ajenidad en el mercado", manejada respecto a la noción de trabajador por cuenta ajena; esto es, la idea de la "marca" o "imagen" puede resultar muy expresiva para explicar la interposición comercial que se produce en un amplio abanico de supuestos de descentralización productiva, pero no es necesariamente explicativa de la existencia de una mayor o menor dependencia o autonomía organizativa en el desarrollo de la actividad a efectos jurídico-laborales[109]. Amén de que la "imagen" tiene un valor en el mercado de bienes y servicios, resultando natural que esté presente en las relaciones interempresariales[110]. Y, en esta misma línea, nótese que el elemento de la "marca", tan relevante dentro de contratos como el de franquicia, no se estaría considerando por la doctrina judicial como un elemento en sí mismo indicativo de la existencia de una relación de trabajo subordinado, ni de cesión ilegal de trabajadores, respecto a las prestaciones desarrolladas en el marco de tales contratos de franquicia[111].

---

108 Cfr., asimismo, en esta línea, la reciente STS 17-4-2024 (Rº 381/2020).

109 Una crítica en esta línea a la tesis de la "ajenidad en el mercado" en CRUZ VILLALÓN, J.: "El concepto de trabajador subordinado frente a las nuevas formas de empleo", Revista de Derecho Social, Nº 83, 2018, págs. 32 y 33.

110 Cfr., en esta línea, GOERLICH PESET, J. M. (2024), cit., pág. 3, mostrándose crítico con el carácter de indicio de cesión ilegal otorgado a la "imagen" por cierta doctrina judicial relativa a las contratas en el ámbito de las plataformas digitales.

111 Cfr. ARENAS VIRUEZ, M.: "El impacto de la aplicación de la normativa laboral sobre el sistema de franquicias: un balance judicial", Trabajo y Derecho, Nº 49, 2019, pág. 8 y ss. (versión digital); MARTÍN JIMÉNEZ, R.: *Cesión ilegal de trabajadores: aspectos críticos, prácticos y conexiones con otras instituciones*, Aranzadi, 2022, pág. 95 y ss.

D) ¿Perjuicio sufrido por los trabajadores?

Finalmente, el perjuicio sufrido por los trabajadores es, asimismo, un elemento resaltado a veces por los tribunales cuando declaran la existencia de cesión ilegal[112]. Sin embargo, a tenor de la actual jurisprudencia, aunque el fin tuitivo de la prohibición de cesión de trabajadores se asocia a la *"degradación de las condiciones de trabajo cuando la regulación profesional vigente para el empresario formal es menos beneficiosa para el trabajador que la que rige en el ámbito del empresario real"* y/o a *"la disminución de las garantías cuando aparecen empleadores ficticios insolventes"*, no parece que ello implique que la cesión ilegal se caracterice jurídicamente por perseguir y/o generar un perjuicio a los trabajadores[113]. No hay dato normativo que así lo exprese[114], de modo que la prohibición de cesión constituiría un tipo objetivo que no requiere de la constatación de un particular fraude o daño causado a los trabajadores[115], quedando atrás el criterio en sentido diverso mantenido por un sector de los tribunales en épocas pretéritas[116].

Por tanto, el perjuicio causado podrá cobrar importancia en orden a las reclamaciones de derechos que puedan interponer los trabajadores cedidos y/o a los criterios de graduación de la sanción administrativa a imponer por la Autoridad Laboral ante la constatación de una cesión ilegal (art. 39.2 LISOS), pero desde el punto de vista calificador no es relevante. En particular, que el orden convencional aplicado a los trabajadores de la contratista sea distinto al aplicado en la empresa principal resulta intrascendente. Repárese que ello puede ocurrir también en las contratas

---

112 Cfr., por ejemplo, en la doctrina judicial, SSTSJ Galicia 5-6-2019 (R° 419/2019) y Canarias 31-10-2019 (R° 272/2019).

113 Cfr., entre otras, SSTS 19-6-2012 (R° 2200/2011); 2-11-2016 (R° 2779/2014); 9-1-2019 (R° 108/2018).

114 Cfr. NORES TORRES, L. E., op. cit., pág. 820.

115 Así se deduce también de la STS 3-2-2005 (R° 3911/2004).

116 Cfr. RODRÍGUEZ RAMOS, M. J. (1995), op. cit., págs. 103, 104, 124 y 145 y ss.

lícitas, incluidas las de *"propia actividad"*, tal y como se colige de la jurisprudencia y lo habría confirmado la última reforma del art. 42 ET por el Real Decreto-Ley 32/2021[117].

3. LA RECIENTE STJUE 24-10-2024 (C441/23) Y SU POSIBLE IMPACTO EN LA CALIFICACIÓN DE CESIÓN ILEGAL DE TRABAJADORES

Llegados a este punto, a la perspectiva expuesta de derecho nacional se le debe sumar la del Derecho de la UE, que, pese a no contener una regulación específicamente dirigida a establecer diferenciadamente las nociones y la tutela en el plano laboral de las contratas y la cesión de trabajadores, sí que se ocupa, aunque sea tangencialmente, de la materia, toda vez que, a través de la Directiva 2008/104, se estableció un marco común europeo de protección de los trabajadores cedidos por "ETTs". Basta leer la definición bastante amplia de "empresa de trabajo temporal" contenida en su art. 3.1.b), para poder intuir que las previsiones de la misma pueden ser relevantes a la hora de interpretar diferentes previsiones del derecho nacional que se refieren a la cesión de trabajadores. Y así lo ha venido a confirmar una reciente sentencia del TJUE de 24-10-2014 (C-441/23), que da respuesta a una cuestión prejudicial planteada por el TSJ de Madrid, en un supuesto referido al despido de una trabajadora que había venido trabajando en el marco de un contrato de servicios entre dos empresas, considerando el órgano judicial nacional que, a la hora de determinar la tutela que le podría corresponder a tal trabajadora,

117 Cfr. SSTS 12-3-2020 (Rº 209/2018); 11-6-2020 (Rº 9/2019); 12-2-2021 (Rº 2839/2019) y 11-11- 2021 (Rº 3330/2019). Considerando que la reforma estaría recogiendo esta jurisprudencia, LAHERA FORTEZA, J.: *La negociación colectiva tras la reforma laboral de 2021*, Tirant lo Blanch, 2022, pág. 54, THIBAULT ARANDA, J.: "Las condiciones aplicables a los trabajadores empleados en las contratas", Trabajo y Empresa, Nº 1, 2022, pag. 119.

resultaba pertinente interrogar al Tribunal europeo sobre la aplicación de dicha Directiva en materia de "ETTs".

En efecto, la citada STJUE responde a una cuestión prejudicial referida a una trabajadora que había prestado servicios laborales, como consultora comercial desempeñando tareas de marketing, en el marco de una contrata de servicios. El trabajo lo prestaba desde su propio domicilio, en régimen de teletrabajo, utilizando al efecto un ordenador proporcionado por la empresa principal, a cuya sede acudía una vez por semana. Para realizar su prestación contactaba a menudo con los responsables de dicha empresa principal. Por su parte, la empresa contratista, junto con abonarle la nómina, era la encargada de organizar su jornada y horario de trabajo, así como de autorizar permisos y vacaciones, amén de haberle proporcionado cierta formación. Asimismo, la trabajadora remitía mensualmente, a un responsable de la empresa contratista, un informe sobre la actividad realizada. Invocando razones presupuestarias y mientras la trabajadora estaba embarazada, la empresa principal informó a la contratista que el contrato de prestación de servicios finalizaría el 30-9-2020 y no sería prorrogado. El 29-4-2021, fecha en que debía producirse la reincorporación de la trabajadora, tras el disfrute de sus derechos de maternidad y vacaciones, recibió una carta de la empresa contratista comunicándole la extinción del contrato de trabajo por causas objetivas (art. 52 c ET), aduciéndose una disminución de la demanda por la "caída" de proyectos previstos.

Frente a ello, la trabajadora presentó una demanda suplicando la nulidad del despido o, subsidiariamente, la improcedencia y solicitando, además, la condena solidaria de ambas empresas. El Juzgado de lo Social competente declaró el despido nulo, pero absolvió a la empresa principal al entender que se trataba de una contrata lícita entre empresas que no había implicado una mera puesta a disposición de la trabajadora. Por ello, también desestimó la pretensión de que la trabajadora debería haber percibido el salario que le hubiera correspondido en caso de ser directamente contratada directamente por dicha empresa principal. Frente a esa sentencia, la trabajadora interpuso recurso de suplicación, insistiendo en que habría sido objeto de una puesta a disposición, razón por la cual entendía que ambas empresas debían ser condenadas solidariamente a las consecuencias del despido, incluida la readmisión de la trabajadora en su puesto de trabajo. Pues bien, siendo estas las circunstancias esenciales del litigio, el TSJ de Madrid consideró oportuno formular hasta cinco cuestiones prejudiciales, aunque tan sólo tres fueron admitidas por el TJUE.

Una primera cuestión planteaba si la Directiva 2008/104 resultaría aplicable a una empresa que ponga a disposición a un trabajador a otra empresa, aunque la primera empresa no sea reconocida por la legislación nacional como una "ETT", por no disponer de una autorización administrativa como tal. La respuesta a este interrogante por parte del TJUE es clara y positiva, sobre la base de una interpretación literal, sistemática y teleológica de la Directiva. Razona el Tribunal que el artículo 3, apartado 1, letra b) de la Directiva 2008/104 define como "ETT" a toda persona física o jurídica que celebre contratos de trabajo, con arreglo al Derecho nacional, con vistas a destinar a los trabajadores a empresas usuarias para que trabajen en ellas temporalmente bajo la dirección y control de estas últimas, sin que de tal definición pueda deducirse que para ser considerada una "ETT" se deba disponer de una autorización administrativa, pues lo contrario "*implicaría que la protección de los trabajadores diferiría entre los Estados miembros, en función de si los Derechos nacionales exigen o no tal autorización, y dentro de un mismo Estado miembro, dependiendo de si la empresa de que se trate posee o no tal autorización, y podría contravenir los objetivos de dicha Directiva, consistentes en proteger a los trabajadores cedidos por empresas de trabajo temporal, y, por otra parte, menoscabaría el efecto útil de la citada Directiva, al restringir de manera excesiva e injustificada el ámbito de aplicación de esta*". "*Tal limitación* —sigue el TJUE— *permitiría que cualquier empresa que, sin disponer de tal autorización, pusiera a disposición de otras empresas trabajadores (...) pudiera eludir la aplicación de la Directiva 2008/104 y, por lo tanto, no permitiría a los trabajadores disfrutar de la protección que persigue esa Directiva".*

La segunda cuestión partía de la hipótesis de una respuesta favorable a la primera. Sobre la base, en efecto, de que la citada Directiva se aplicaría también a situaciones de puesta a disposición realizadas por empresas no formalmente reconocidas como "ETT" en el Derecho interno, el TSJ de Madrid preguntaba si, dadas las circunstancias del asunto, la trabajadora debía ser considerada una trabajadora puesta a disposición y, por tanto, las empresas intervinientes como una "ETT" y una empresaria usuaria en el sentido de la Directiva de referencia. Y más particularmente, el TSJ planteaba si cabía entender que la empresa que contrató a la trabajadora mantenía la dirección y control de la actividad laboral —pues, de ser así, habría que excluir la existencia de una puesta a disposición de la trabajadora— por el hecho de que el administrador de la misma recibiese de la trabajadora un informe mensual de actividad y, además, aprobase los permisos, vacaciones y horarios de la misma, aunque su prestación laboral cotidiana consistiese en atender a los clientes de la empresa principal, contactando frecuentemente con sus responsables y acudiendo una vez a la semana al centro de trabajo de la misma.

A este respecto, la respuesta del TJUE se inicia subrayando que "*incumbe al órgano jurisdiccional nacional comprobar si un trabajador ejerce sus funciones bajo la dirección y el control de una empresa usuaria o del empleador que lo contrató y que celebró un contrato de prestación de servicios con esta última*". No obstante lo cual, a continuación el Tribunal ofrece diversas "*precisiones destinadas a orientar al órgano jurisdiccional remitente en su interpretación*". Sobre el concepto de "ETT", tras reiterar la definición que emana de la Directiva, el TJUE señala que esta no supedita la calificación de "ETT" al requisito de que la empresa deba poner a disposición de otra a un determinado número o porcentaje de trabajadores, pero, al mismo tiempo, entiende que no basta con que una empresa ponga puntualmente a disposición a trabajadores suyos a otra empresa, con lo que parece apuntarse a que se requiere que ello sea una actividad, sea la principal o no de la empresa, que revista cierta habitualidad[118].

Por otra parte, en cuanto a la noción de trabajador cedido, el Tribunal recuerda el concepto europeo de trabajador y señala que la esencia de la relación laboral radica en que una persona realice, a favor de otra y bajo la dirección de ésta, ciertas prestaciones, a cambio de las cuales percibe una remuneración. Para a continuación señalar que la peculiaridad de la relación del trabajador cedido por una "ETT" radica en que "*esta última mantiene una relación laboral con ese trabajador, pero transfiere a la empresa usuaria el control y la dirección que, en principio incumben a todo empresario, creando así una nueva relación de subordinación entre el trabajador cedido y la empresa usuaria conforme a la cual dicho trabajador realiza una prestación contractualmente debida por la empresa de trabajo temporal a esta última empresa y, a tal efecto, se encuentra bajo la dirección y el control de esta*". A efectos de valorar la concurrencia de una situación tal, el TJUE se remite de nuevo al órgano jurisdiccional nacional, atendiendo a "*cada caso concreto, en función del conjunto de elementos y circunstancias que caractericen a las relaciones existentes entre las partes*".

A estas consideraciones de corte general añade el TJUE algunas otras más focalizadas en el caso concreto, si bien en una línea no demasiado concluyente acerca del valor que pueden adquirir ciertas circunstancias a efectos de determinar quién ejerce la dirección y control sobre el trabajador. De un lado, se señala que el hecho de que la contratista reciba un informe mensual de la trabajadora sobre la actividad realizada "*es una circunstancia que puede, en su caso, tomarse en consideración, en función del objeto específico perseguido*

---

118 Cfr., en esta línea, BELTRÁN DE HEREDIA RUIZ, I.: "Los trabajadores de una empresa contratista pueden reclamar las condiciones laborales de la principal si está bajo su poder de dirección y control (STJUE 24/10/24): https://ignasibeltran.com/2024/10/25/los-trabajadores-de-una-empresa-contratista-pueden-reclamar-las-condiciones-laborales-de-la-principal-si-estan-bajo-su-poder-de-direccion-y-control-stjue-24-10-24/

por ese informe". De otro, se afirma que "*el hecho de que la empresa de trabajo temporal apruebe las vacaciones y los permisos del trabajador cedido y fije sus horarios (...) a priori, no es anormal, (...) sin que ello ponga en entredicho la realidad de la dirección y el control del trabajador asumidos por la empresa usuaria en el marco de la puesta a disposición de este último*". Tras lo cual, el TJUE vuelve a remitirse al órgano jurisdiccional nacional, al que corresponderá determinar, a la luz de todas las circunstancias del caso concreto, si existen otras circunstancias que lleven a considerar que la empresa contratante del trabajador ha conservado su dirección y control. Asimismo, el TJUE se refiere a la noción de empresaria usuaria deducible de la Directiva y complementando las consideraciones relativas al ejercicio de la dirección y control sobre los trabajadores, señala que tal empresa es la que "*puede, como tal, exigir al trabajador cedido el cumplimiento de normas internas y de métodos de trabajo, además de ejercer sobre él una vigilancia y un control en cuanto a la manera que desempeña sus funciones*", si bien termina con una advertencia en el sentido de que para entender que tal empresa ejerce un poder de dirección y control "*no basta con (...) que compruebe el trabajo realizado o de meras consignas generales a dichos trabajadores*".

Las precisiones anteriores llevan al TJUE a responder de forma global a la segunda cuestión planteada en los siguientes términos: "*el artículo 3, apartado 1, letras b) a d) de la Directiva 2008/104 debe interpretarse en el sentido de que está comprendida en el concepto de "empresa de trabajo temporal", a efectos de esta disposición, la situación en la que una empresa cuya actividad es celebrar contratos o establecer relaciones de empleo con trabajadores, con el fin de ponerlos a disposición de una empresa usuaria por un período determinado, cuando dicho trabajador se encuentra bajo la dirección y control de esta última empresa y cuando esta, por un lado, le impone las prestaciones que debe realizar, la manera de llevarlas a cabo y la observancia de instrucciones internas y, por otro, ejerce vigilancia y control sobre el modo en que ese trabajador desempeña sus funciones*".

Una tercera cuestión planteaba si, de ser aplicable la Directiva 2008/104 y como consecuencia de su art. 5.1, el salario de la trabajadora debería ser cuando menos el mismo que le correspondería si hubiese sido contratada directamente por la empresa contratista —cuestión no ajena a la tutela que se viene predicando en nuestro ordenamiento frente a la cesión ilegal *ex* art. 43 ET[119]—. Nótese que el citado art. 5.1 dispone que: "*Las condiciones esenciales de trabajo y de empleo de los trabajadores cedidos por empresas de trabajo temporal durante su misión en una empresa usuaria serán, por lo menos, las que les corresponderían si hubiesen sido contratados directamente por dicha empresa para ocupar el mismo puesto*" y que, a tenor del art. 3.1 f) de la propia Directiva, por tales condiciones esenciales se entienden las establecidas por cualquier disposición normativa, convenio colectivo y demás disposiciones vinculantes de alcance general en vigor, que se refieran, entre otras materias, a la remuneración de los trabajadores. En consecuencia, como era de esperar, el TJUE responde afirmativamente a esta cuestión, en el sentido de que los trabajadores cedidos a los que resulte de aplicación la Directiva deben percibir, durante su prestación en la empresa usuaria, un salario al menos igual al que habrían percibido si hubieran sido contratados directamente por dicha empresa.

Hasta aquí la reseña de la reciente STJUE y a partir de aquí algunas consideraciones valorativas. De entrada, en cuanto a la aplicación de la Directiva en materia de "ETTs" en el caso de empresas no autorizadas como tales, parece lógica la respuesta dada por el TJUE, pues, siendo la autorización una exigencia no derivada de la normativa europea, no tendría sentido que quien actuase *de facto* como una "ETT" pudiera escapar de las obligaciones y garantías dispuestas por la normativa de la UE. De hecho, la respuesta dada por el TJUE ya había sido apuntada por cierta doctrina judicial y académica a la hora de prestar atención a cuestiones con-

---

119 Véase *infra* 2ª parte, epígrafes 1, 2.2 y 4. De hecho, en la STSJ Madrid 29-1-2025 (Rº 1225/2022), dictada tras el planteamiento de la cuestión prejudicial, se afirma que la equiparación salarial en los supuestos de cesión de trabajadores se derivaría no sólo de la Directiva en materia de "ETTs" sino también del art. 43 ET.

trovertidas en torno a las "empresas de servicios", que sin ser formalmente "ETTs" actuarían muchas veces como tales[120]. Y, en esta misma línea, en punto a lo que se califican como contratas intensivas en mano de obra, se había apelado al efecto útil de la Directiva en materia de "ETTs", como un elemento a preservar a la hora de determinar la frontera entre la contrata lícita y la cesión ilegal, apuntándose ya algunos criterios interpretativos en favor de la aplicación de tal Directiva en determinadas contratas[121].

Ocurre, sin embargo, que, dados los términos inevitablemente abstractos de la STJUE antes reseñada, no resulta fácil calibrar el preciso impacto de dicha jurisprudencia europea. Y si a lo anterior se le suma la regulación ya contenida en nuestro art. 43 ET y las reiteradas remisiones del TJUE al órgano judicial nacional a efectos de valorar el elemento clave relativo a quién ejerce la dirección y control sobre los trabajadores, se comprende, en cierta medida, que haya quien le haya otorgado una relevancia más bien menor a esta cuestión prejudicial[122]. Sin embargo, aunque sea con un tono no demasiado concluyente, la STJUE ofrece, como se ha visto, algunas pautas orientativas, resultando, a mi juicio, cabal realizar una interpretación conforme del art. 43 ET a la luz de dichas pautas, proyectándose particularmente sobre la lectura de su apartado 2 relativo a los criterios reflejados por el legislador para distinguir la contrata lícita de la cesión ilegal de trabajadores[123]. La

---

120 Cfr., al hilo de las consideraciones formuladas en *obiter dicta* por la SAN 30-5-2014 (R° 90/2014), GOERLICH PESET, J. M.: "Competencia desleal, empresas de trabajo temporal y empresas de servicios. A propósito de las SSAN 104 y 105/2014, de 30 de mayo", Información Laboral, N° 6, 2014, pág. 5 (versión digital).

121 BELTRÁN DE HEREDIA RUIZ, I., op. cit., pág. 289 y ss.

122 DURÁN LÓPEZ, F.: "Sobre la prestación de servicios entre empresas y la cesión de trabajadores, a propósito de la reciente sentencia del TJUE", (22-11-2014): https://www.garrigues.com/es_ES/noticia/prestacion-servicios-empresas-cesion-trabajadores-proposito-reciente-sentencia-tjue.

123 Cfr., en esta línea, PÉREZ DE LOS COBOS ORIHUEL, F.: "A propósito de la STJUE de 24 octubre: la posible aplicación a determinadas

lógica del art. 43 ET e incluso la literalidad de ciertas normas así lo reclaman, pues si, de un lado, se excepciona de la prohibición de cesión de trabajadores a las "ETTs", cuya actividad consiste en *"poner a disposición"* de otra empresa trabajadores por aquella contratados, ejerciendo la empresa usuaria las "*facultades de dirección y control de la actividad laboral*" (arts. 1 y 15 Ley 11/1994); de otro lado, fuera de los supuestos en que interviene una "ETT", se reputan como cesión ilegal "*los contratos de servicios entre (...) empresas*" que se limiten "*a una mera puesta a disposición de los trabajadores*", previéndose, asimismo, como circunstancia indicativa de la cesión ilegal, que la empresa contratante de los trabajadores "*no ejerza las funciones inherentes a su condición de empresario*" (art. 43.2 ET).

Y, al hilo de lo anterior, hay quien se decanta por entender que la reciente STJUE podría tener un notable impacto, considerándose que podrían ser bastantes las contratas que responden a los perfiles que se deducen de dicha sentencia y que actualmente no se estarían calificando por nuestros tribunales como cesión ilegal[124]. Ciertamente, como se deduce del análisis precedente, cabe detectar en la doctrina judicial y en la propia jurisprudencia del TS una cierta orientación interpretativa refractaria a asimilar la cesión ilegal con el ejercicio de ciertas funciones de dirección técnica por parte de la principal con incidencia en el modo de ejecutar la prestación laboral por parte de los trabajadores de la contratista, poniendo el foco de atención en otras circunstancias para entender que esta última empresa mantiene un margen suficiente de organización y control sobre sus trabajadores. Valga, en este sentido, aludir, seguramente como ejemplo bastante sintomático, a una amplia serie de sentencias dictadas en los últimos tiempos por el TS, referidas a concesiones administrativas de la Junta de Anda-

---

contratas de la directiva sobre empresas de trabajo temporal" (13 11 2024): https://www.oleartabogados.com/stjue-directiva-empresas-trabajo-temporal-contratas/

124 Cfr., en esta línea, BELTRÁN DE HEREDIA RUIZ, I.: "Los trabajadores...", cit.

lucía para el servicio de asistencia escolar de alumnos con necesidades especiales. Para negar la existencia de cesión ilegal, el TS ha puesto particularmente el acento en aspectos como la existencia de coordinadores de la contratista, que con cierta periodicidad realizaban visitas de supervisión a los centros públicos, y en las funciones y decisiones de tal empresa contratista en extremos relativos al tiempo de trabajo (controles horarios y de asistencia, concesión de permisos, vacaciones, excedencias, etc.), considerándose, por otro lado, que el hecho de que la ejecución de las tareas habituales de los trabajadores quedase vinculada a la programación, pautas, indicaciones y supervisión del personal de los centros docentes, serían "*circunstancias que son propias y definitorias de la relación existente entre una empresa adjudicataria de un servicio y su cliente, (...) obviamente necesarias para la coordinación del desarrollo de la propia contrata*", que *no desvirtúan el poder de dirección y control ejercido por parte de la contratista*[125]. Sería, en efecto, esta orientación interpretativa la que parece que podría quedar más entredicho a la vista de las pautas que se coligen de la reciente doctrina del TJUE en punto a lo que se debe entender por dirección y control de la actividad de los trabajadores.

De hecho, tras la reciente del TJUE reseñada, e incluso antes de resolverse el recurso de suplicación en cuya sede se planteó la cuestión prejudicial, el TSJ de Madrid ya dictó una sentencia[126] entendiendo que la noción de "puesta a disposición" debe ser objeto de una interpretación uniforme de acuerdo con la reciente doctrina del TJUE e integrarse en la lectura que se haga en nuestro ordenamiento en torno a la distinción entre contrata lícita y cesión ilegal de trabajadores. De suerte tal que, a tenor de las pautas apuntadas por el TJUE, se entiende que habrá que valorar si el trabajador se encuentra bajo la dirección y control de

---

125 Cfr., entre otras, SSTS 12-1-2022 (Rº 1903/2020); 7-2-2022 (Rº 175/2020); 13-1-2023 (Rº 2715/2020); 30-11-2023 (Rº 1024/2022); 30-5-2024 (Rº 1743/2023); 28-1-2025 (Rº 1928/2022).

126 STSJ Madrid 4-12-2024 (Rº 648/2024).

la empresa principal, dando instrucciones y exigiendo normas que cumplir, así como ejerciendo una vigilancia y control desde el punto de vista de las funciones realizadas, del trabajo realizado y su calidad, con independencia de que la empresa que haya contratado al trabajador también pueda ejercer otras funciones propias del empleador, aludiéndose a este respecto a cuestiones relativas a la gestión de las obligaciones y derechos en materia de tiempo de trabajo. Y, sobre la base tales premisas, en el caso concreto se concluyó que se habría producido una cesión ilegal, considerando particularmente relevante que fuera la empresa comitente la que directamente asignase tareas a realizar por los trabajadores ocupados en la contrata, sin que en tal proceso hubiera una participación de la contratista; sucediendo algo semejante respecto a la solución de incidencias detectadas, pues, a pesar de la existencia a tal efecto de un protocolo de comunicación entre la principal y la contratista, no se apreciaba un papel activo de dirección funcional de los trabajos por parte de la contratista. En esta misma dirección, se destacó el hecho de que tuvieran lugar reuniones periódicas en las que, aunque habitualmente participaba un "coordinador" de la contratista, se producía una interacción entre los mandos de la empresa principal y los trabajadores de la empresa contratista, dándoles instrucciones directas. Y, finalmente, también se subrayó, como elemento indiciario del ejercicio de funciones dirección y control por parte de la empresa principal, la circunstancia de que la misma impartiese formación a tales trabajadores, de modo reiterado y con un contenido muy especializado sobre concretas tareas a desempeñar por los mismos.

Contando ya con el reseñado precedente, cabía presagiar, en buena medida, cuál sería el sentido de la posterior STSJ de Madrid resolviendo el procedimiento en que se planteó la cuestión de prejudicial[127]. Se estimó que el contenido material de las funciones desarrolladas por la trabajadora venía determinado por los responsables de

---

[127] STSJ Madrid 29-1-2025 (Rº 1225/2022).

la empresa principal, mientras que la intervención de la empresa que la contrató –el control mensual a través del informe al administrador y la organización de vacaciones, permisos, jornada y horario- se consideró insuficiente a la luz de las pautas del TJUE, entendiendo que de las mismas se desprende que, para descartar la puesta a disposición y, por tanto, en el presente caso la cesión ilegal *ex* art. 43 ET, resulta necesaria una aportación sustantiva en la dirección funcional de la actividad del trabajador. A lo que se añade que el hecho de que tal empresa contratante hubiese impartido cierta formación a la trabajadora no desvirtuaría tampoco la puesta a disposición, pues la impartición de formación forma también parte de las funciones o incluso obligaciones que deben asumir las "ETTs" (arts. 2.3 y 12.2 Ley 14/1994). Cabe concluir, por tanto, que las citadas SSTSJ de Madrid se situarían claramente en la línea antes apuntada sobre el impacto de la reciente doctrina del TJUE, aportando matices en la calificación de la cesión ilegal de trabajadores que, en buena medida, irían en detrimento de otra valoración más "permisiva" que cabe colegir de algunos pronunciamientos de nuestra jurisprudencia reciente.

Con todo, a partir de la lectura de las propias SSTSJ de Madrid cabe realizar otras consideraciones que evidencian la dificultad de calibrar de modo muy preciso la repercusión de la doctrina del TJUE ante los supuestos de variadas características que pueden plantearse en la práctica, quedando abiertos espacios para lecturas llenas de matices. En ambas sentencias, y aunque ello no impide apreciar en el caso concreto una cesión ilegal, se puntualiza, en una línea convergente con una advertencia formulada en la doctrina del TJUE, que los contratos de servicios entre empresas comportan de ordinario una vigilancia y control de la calidad de los servicios prestados que no debe confundirse con una dirección y control de la principal que implique una puesta a disposición de trabajadores, siendo decisivo a tal efecto que la dirección y control funcional no se proyecte genérica y globalmente sobre el servicio recibido, sino sobre la prestación de cada uno de los trabajadores concretos. De ello emerge, como ya se apuntó en el análisis precedente, la compleja fricción entre la tutela laboral frente a la cesiones de trabajadores y la naturales facultades atribuidas a las empresas comitentes en las contratas de diversa índole, cuya no consideración haría seguramente inviable en bastantes casos la legítima decisión de externalizar actividades productivas, y sin que, probablemente muchas veces, resulte fácil de determinar dónde están los límites entre la dirección y coordinación técnica de la contrata y un ejercicio de los poderes directivos sobre los trabajadores.

Por otra parte, cabe también llamar la atención sobre que en las dos SSTSJ de Madrid referenciadas queda apuntado otro matiz relevante a efectos de la valoración y calificación de los distintos supuestos de hecho que pueden darse en la práctica. Nótese que, en el asunto que dio lugar a la cuestión prejudicial, la fundamentación del TSJ, basada esencialmente en las pautas extraídas de la doctrina del TJUE respecto a la dirección y control de los trabajadores, se acompaña de una referencia a que en el caso analizado no quedaba constancia de *"la aportación de elementos de activo material o inmaterial de ningún tipo"* por la empresa contratista a efectos de la ejecución de los servicios contratados, realizando la trabajadora las funciones con un ordenador propiedad de la empresa principal y desde su propio domicilio. Y ello engarzaría con otras consideraciones más explícitas recogidas en la primera STSJ citada[128], en el sentido de que habría supuestos —aunque tampoco sería el caso del supuesto enjuiciado— en que la valoración sobre quién ejerce la dirección y control de los trabajadores quedaría relegada ante la constatación de que la empresa contratista *"aporta medios sustanciales para la realización de los servicios distintos a la mano de obra"* —vgr. inmuebles, maquinaria, equipos, propiedad industrial o intelectual— *"que por su importancia y características se le deba atribuir un valor esencial en la ejecución del contrato y además la prestación de los trabajadores*

128 STSJ Madrid 4-12-2024 (Rº 648/2024).

sea inseparable de dichos medios", pues en tal caso el contrato entre empresas *"difiere notablemente de lo que sería la mera puesta a disposición de los trabajadores"*. Esta apreciación ha sido criticada subrayando que la reciente sentencia del TJUE, en consonancia con lo previsto en la Directiva en materia de "ETTs", en ningún momento alude a la aportación de activos tangibles y/o intangibles por parte de la contratista como elemento delimitador de lo que cabe entender como trabajador cedido, por lo que se entiende que la atención debería centrarse exclusivamente en el elemento relativo a la dirección y control en los términos apuntados[129].

A mi modo de ver, seguramente el TSJ de Madrid comete un exceso al apuntar que en caso de aportación de medios relevantes por la contratista resultaría innecesario un análisis de quién ejerce la dirección y control, pero lo cierto es que la toma en consideración de la infraestructura aportada tampoco parece del todo punto irrelevante a la luz de la letra del art. 43.2 ET y de la valoración de ambos elementos como no excluyentes, sino complementarios, que viene haciendo nuestra jurisprudencia. Y también resultaría, a mi juicio, excesivo considerar que, como consecuencia de este método de ponderación de elementos, en cierta medida graduables, el ordenamiento español no se ajusta a las exigencias del Derecho de la UE. Aunque la reciente STJUE no resulte del todo expresiva al respecto, leyendo, en cierto modo, entrelíneas, no parece descabellado pensar que el Tribunal europeo, a la hora de pronunciarse sobre el alcance de las previsiones de la normativa en materia de "ETTs", tuviera en mente de modo particular aquellas relaciones interempresariales que, con independencia de su desarrollo bajo una u otra denominación, se corresponden con el patrón de empresa que recurre a otra para cubrir una necesidad de actividad que esencialmente

---

129 BELTRÁN DE HEREDIA RUIZ, I.: "Reacciones al caso Omnitel: primeras contratas equiparables a ETT (STSJ Madrid 4/12/24)": https://ignasibeltran.com/2024/12/13/reacciones-al-caso-omnitel-primeras-contratas-equiparables-a-ett-stsj-madrid-4-12-24/.

lo que exige son unos trabajadores con unas determinadas características. Algunas precisiones y referencias contenidas en el pronunciamiento del TJUE podrían contribuir a alcanzar este entendimiento, pues parece ponerse el acento en la necesaria concurrencia de una empresa "*cuya actividad*", revestida de cierta habitualidad, consista en celebrar contratos de trabajo *"con el fin de"* o *"con vistas a"* destinarlos a otras empresas para que trabajen en ellas temporalmente. Ello abonaría, en efecto, a favor de pensar que no se ha querido proyectar una interpretación amplia del ámbito de aplicación de la Directiva de "ETTs" sobre cualquier fenómeno de externalización de actividades empresariales.

Por consiguiente, y dicho de otro de modo, regulando la normativa europea las condiciones del trabajo a través de "ETTs", parece lógico entender que su interpretación se proyecte sobre las denominadas contratas intensivas en mano de obra, en las que operan habitualmente las denominadas "empresas de servicios", que no requieren una infraestructura relevante o en que el servicio contratado comporta utilizar la infraestructura de la principal. En tales casos, es cuando parece razonable que el criterio calificador se centre primordial y reforzadamente en el elemento relativo al ejercicio del poder de dirección; lo que no parece incompatible con que en supuestos de otros perfiles quepa también razonablemente otorgarle relevancia, en tal juicio de valoración sobre la existencia o no de cesión ilegal, a la aportación por la contratista de medios relevantes y necesarios para la ejecución del objeto de la contrata[130].

---

130 En este sentido, cabe traer a colación el voto particular formulado por el Magistrado Moralo Gallego a la STS 21-1-2022 (Rº 553/2020), referida precisamente a uno de esos supuestos en que no se apreció la existencia de cesión ilegal en una prestación laboral desarrollada en el marco de una concesión administrativa relativa a centros educativos de la Junta de Andalucía. El voto particular resulta, en efecto, de interés en tanto que se refiere al distinto valor e importancia que adquirirían los dos criterios fundamentales que viene manejando la jurisprudencia para apreciar la existencia de cesión ilegal, en función de si la actividad objeto de la contrata requiere de una aportación material y/o organizativa relevante o si se sustenta

Por lo demás, aunque el hecho de que la STJUE glosada inadmitiera algunas de las cuestiones prejudiciales impida hacer una comparación más precisa entre la normativa europea y el régimen nacional, lo cierto es que los diferentes mecanismos de tutela a los que se referían tales cuestiones —en esencia, derecho de la trabajadora cedida a las condiciones retributivas aplicables en la empresa cesionaria; posible reintegración de la trabajadora despedida en dicha empresa y posible responsabilidad solidaria de ambas empresas, cedente y cesionaria, de las consecuencias asociadas a la nulidad del despido— pueden deducirse de la lectura que se viene haciendo del art. 43 ET y de su integración con otras reglas vigentes en nuestro ordenamiento (véase *infra* 2º parte). De hecho, así se entendió por la propia STSJ de Madrid dictada en el procedimiento del que trajeron causa las cuestiones prejudiciales[131]. Nótese, en todo caso, que la Directiva en materia de "ETTs" se halla huérfana de

---

esencialmente en la mano de obra. En estos últimos casos, se considera que la contrata sólo será lícita si se acredita que la contratista "*tiene un relevante ámbito de decisión en la organización y ejecución de las tareas que desarrollan sus trabajadores*"; añadiéndose que: "*Es obvio que en toda clase de subcontratación la actividad de la subcontratada debe desarrollarse conforme a las instrucciones y las pautas del cliente —la empresa principal—, sin que eso suponga incurrir en cesión ilegal de mano de obra. Pero cuando no hay la menor aportación de elementos materiales relevantes, considero que se produce una situación de cesión ilegal si los trabajadores de la subcontrata se limitan a participar y ejecutar las actividades organizadas, diseñadas y fijadas por la principal*". De hecho, el propio BELTRÁN DE HEREDIA RUIZ, I., op. cit., pág. 289 y ss., había llamado la atención sobre este voto particular, conectando sus consideraciones con las contratas intensivas en mano de obra y la necesidad de garantizar el efecto útil de la Directiva en materia de "ETTs".

131 En efecto, en dicha STSJ Madrid 29-1-2025 (Rº 1225/2022), además de reconocerse, como ya se apuntó, que del art. 43 ET se deriva un derecho de equiparación salarial, ante la constatación de un de un despido nulo y teniendo en cuenta las consecuencias previstas en el art. 43 ET, se condena a la empresa cedente y cesionaria a la readmisión inmediata de la trabajadora, debiendo optar dicha trabajadora por una de ambas empresas. Y, asimismo, se condena solidariamente a ambas empresas demandadas al abono de los salarios dejados de percibir desde la fecha del despido hasta la fecha de la efectividad de la readmisión, así como a abonarle una indemnización de 30.000

referencias a algún esquema de responsabilidad empresarial solidaria y no parece contener ninguna previsión de la que inferir consecuencias semejantes a las que en nuestro marco normativo se extraen del derecho de los trabajadores cedidos ilegalmente a adquirir la condición de fijos, a su elección, en la empresa cedente o cesionaria[132].

Por ello, parece que cabe concluir que el principal impacto de la reciente STJUE radicaría en que, al integrarse sus pautas en la distinción entre la contrata lícita y la cesión ilegal, puedan pasar a calificarse en este último sentido supuestos que hasta ahora no lo hacían en atención a otras lecturas y tendencias interpretativas, de modo que el resultado en términos de mejora de garantías de los trabajadores ocupados en ciertas contratas se podría hacer perceptible respecto al más claramente limitado alcance de las garantías previstas en el art. 42 ET. Es en este sentido, creo, que se subraya que tras la sentencia TJUE se podría ver, en bastantes casos, superada la orientación jurisprudencial y legislativa reflejada en el apartado 6 del art. 42 ET[133]. Se trata, como es sabido, de un apartado incorporado por la reforma laboral de 2021, cuyo principal efecto sería el de contribuir a clarificar la determinación del convenio colectivo aplicable a los trabajadores de empresas contratistas, pero sin imponer, siempre y para todos los casos, una equiparación en cuanto al convenio aplicable en la empresa principal[134], pudiendo incluso el convenio de empresa

---

euros en concepto de vulneración del derecho fundamental a la no discriminación por razón de sexo y maternidad.

132 A este respecto, puede resultar indicativa la STJUE 17-3-2022 (C-232/20), que declaró que del texto de la Directiva en materia de "ETTs" no cabe deducir que los Estados miembros estén obligados a contemplar, para el caso de incumplimiento de las previsiones de dicha Directiva, un derecho subjetivo del trabajador cedido al establecimiento de una relación laboral con la empresa usuaria.

133 En esta línea, BELTRÁN DE HEREDIA RUIZ, I.: "Los trabajadores...", cit.

134 Cfr. SSTS 12-3-2020 (Rº 209/2018); 11-6-2020 (Rº 9/2019), 12-2-2021 (Rº 2839/2019) y 11-11- 2021 (Rº 3330/2019). Como ya se apuntó, en la doctrina coinciden en que la reforma introducida en 2021 esta-

de la contratista tener prioridad aplicativa en materia salarial[135].

La apuntada reflexión sobre el art. 42.6 ET será pertinente partiendo de que, en efecto, se aprecie un supuesto en que concurra una puesta a disposición en los términos que cabe inferir de la doctrina del TJUE y, por tanto, trasladado a nuestro ordenamiento, una cesión ilegal de trabajadores. Sin embargo, lo que no parece de recibo es que, como se desprende de alguna otra STSJ reciente[136], la doctrina del TJUE se pueda utilizar simplemente como una referencia hermenéutica para desplazar la determinación del convenio colectivo aplicable que pueda derivarse de las pautas del art. 42.6 ET, mas sin que en el caso concreto se invocase nada respecto a una posible situación de mera puesta a disposición; circunstancia que, en buena medida, parece presumirse por parte del órgano judicial por tratarse de una contrata en la que interviene una empresa de servicios y desarrollando el trabajador funciones como conserje en una comunidad de propietarios. Ciertamente, se trataría de uno de los supuestos en que parece imponerse particularmente una valoración de la licitud o no de la contrata a la luz de las pautas de la reciente STJUE, pero no en todos los supuestos que respondan a perfiles semejantes tiene por qué darse el mismo de *"grado de subordinación"* —utilizando la expresión de dicha STJUE— del trabajador a cada una de las organizaciones intervinientes; lo que —volviendo a utilizar palabras del TJUE— *"debe apreciarse, en cada caso concreto, en función del conjunto de elementos y circunstancias que caractericen a las relaciones existentes entre las partes"*.

ría recogiendo esta jurisprudencia, entre otros, LAHERA FORTEZA, J., op. cit. pág. 54; THIBAULT ARANDA, J., op. cit., pág. 119.

135 Cfr. STS 29-1-2025 (Rº 202/2024).

136 STSJ Madrid 6-11-2024 (Rº 538/2024).

4. ALGUNAS CONCLUSIONES Y REFLEXIONES SOBRE LA DELIMITACIÓN DE LA CESIÓN ILEGAL EN EL CONTEXTO DE LA ORDENACIÓN LABORAL DE LA DESCENTRALIZACIÓN PRODUCTIVA

Como conclusión general del análisis precedente, se puede afirmar que, a la luz del art. 43.2 ET y de la experiencia jurisprudencial, los criterios fundamentales para distinguir entre la contrata lícita y la cesión ilegal de trabajadores giran en torno a la infraestructura material y organizativa aportada por la contratista y en torno al ejercicio por parte de la misma de los poderes que caracterizan al empresario laboral; mas sin que ninguno de tales elementos pueda ser entendido en términos absolutos, pues el objeto y características de la contrata pueden comportar que la principal también realice aportes materiales y organizativos y/o adopte determinadas decisiones que incidan en la prestación de los trabajadores de la contratista, sin que ello signifique siempre la existencia de una cesión ilegal. Y poniendo, además, en relación esos dos criterios fundamentales, su valoración tal vez sea una cuestión de intensidad y grado variable, en el sentido de que, a menor infraestructura necesaria y aportada por la contratista, más exigente se torna la valoración de si la misma tiene un suficiente ámbito de decisión en la organización y ejecución de las tareas de los trabajadores ocupados en la contrata.

Por su parte, otros criterios y/o indicios que también se pueden deducir en ocasiones de la doctrina jurisprudencial, no resultan, a mi modo de ver, tan relevantes; en buena parte porque, como ya se apuntó, su consideración queda bastante conectada y, a su vez, condicionada por la valoración que se haga de otros criterios e indicios que aparecen como más significativos. Por decirlo más gráficamente, es la apreciación de que es la principal —y no la contratista— la que ejerce fundamentalmente los poderes organizativos y directivos la que seguramente permita resaltar que una contrata carece de autonomía técnica[137] y consienta, en su caso, otorgar cierta trascendencia a otros datos accesorios, como que los trabajadores de la contratista porten identificativos de la principal.

Dicho lo anterior, resulta complejo afirmar algo que vaya más allá de estas conclusiones generales, pues, como viene reiterando la jurisprudencia, la valoración de la existencia o no de cesión ilegal deberá necesariamente ceñirse a las particularidades del caso concreto[138]; lo que, en cierto modo, se traduce en la imposibilidad de establecer demasiadas pautas cuya aplicación permita resolver sin un margen de duda razonable cada supuesto en cuestión[139].

Por otra parte, desde un punto de vista más valorativo de la jurisprudencia obrante, no comparto algunas críticas que la consideran excesivamente formalista, de falta de contundencia y de haber devaluado ciertos indicios relevantes de cesión ilegal[140]; o incluso de estar requerida de nuevos indicios o criterios, incluyendo algunos que se califican de interpretación finalista, pero que, en tanto que no claramente deducibles de la norma, serían más bien, a mi juicio, postulados de política del derecho, apelándose a la necesidad de evitar la competencia desleal entre empresas que se asocia a la descentralización productiva y realizándose una llamada a considerar la *"existencia de una fuerte subordinación económica entre la empresa principal y la contratista* (...) *como un indicio de cesión ilegal*"[141].

---

137 En esta línea, apuntando que el criterio de la autonomía técnica de la contrata aparece frecuentemente entremezclado con otros criterios de valoración, BELTRÁN DE HEREDIA RUIZ, I., op. cit., pág. 283 y 284.

138 Cfr., por ejemplo, SSTS 19-6-2012 (Rº 2200/2011); 6-10-2016 (Rº 2913/2014) y 12-1-2022 (Rº 1903/2020).

139 Cfr. MARTÍN JIMÉNEZ, R., op cit., pág. 147.

140 Cfr., en esta línea, ESTEVE SEGARRA, A. (2019), op. cit., pág. 49 y 50; ESTEVE SEGARRA A. y TODOLÍ SIGNES, A., op. cit., págs. 49, 63 y 64; BELTRÁN DE HEREDIA RUIZ, I., op. cit., pág. 267 y 279.

141 Cfr., en esta línea, ESTEVE SEGARRA A. y TODOLÍ SIGNES, A., op. cit., particularmente, pág. 41 y 50 y ss.; el entrecomillado en la pág. 64.

Como se colige del análisis precedente, la jurisprudencia sobre la delimitación entre la contrata lícita y la cesión ilegal remite a la valoración conjunta de diversos elementos e indicios de valoración —por lo demás, muy semejantes a los que se vienen empleando en otros ordenamientos de nuestro entorno[142]—, que, no en balde, son los que han servido para, al compás de la extensión de los fenómenos de externalización, ampliar la noción de cesión ilegal y apreciarla también entre empresas reales y no sólo ante supuestos de evidente fraude[143]. Y, sin perjuicio de la mayor o menor flexibilidad con la que en cada caso concreto se hayan aplicado tales criterios, no me parece de recibo hablar de modo generalizado de una devaluación de los indicios relevantes, pues si así fuera seguramente la Administración no hubiera tenido que llegar a mostrar, nada menos que a nivel legislativo, una preocupación sobre el riesgo de cesión ilegal en el ámbito de la contratación pública (arts. 308 y 321 Ley 9/2017); y seguramente la Inspección de Trabajo y Seguridad Social y los tribunales no hubieran podido poner el foco en la ilegalidad de las ciertas prácticas de descentralización relacionadas con las llamadas empresas

---

142 Así, respecto al ordenamiento italiano, véase CARINCI, M. T.: "Il concetto di appalto rilevante ai fini delle tutele giuslavoristiche e la distinzione da fattispecie limitrofe", en (AAVV): *Tutele e sicurezza del lavoro negli appalti privati e pubblici. Inquadramento giuridico ed effettività*, UTET, Torino, 2011, pág. 9 y ss. Y con reseña de las recientes orientaciones jurisprudenciales, SPEZIALE, V., op. cit., en particular pág. 11 y ss. Para una aproximación general a la experiencia comparada, DE LUCA TAMAJO, R.: "Diritto del lavoro e decentramento produttivo in una prospettiva comparata: scenari e strumenti", Rivista Italiana di Diritto del Lavoro, I, 2007, págs. 14 y 15.

143 Cfr., en esta línea, CEINOS SUÁREZ, A., op. cit., pág. 138-141 y 150. De hecho, también hay quien apunta que ello ha llevado a una noción de cesión quizá desmesurada, que no siempre tiene en cuenta que la clave reside en los criterios técnicos y de especialización que aporta la contrata, Cfr. MARTÍN JIMÉNEZ, R., op. cit., pag. 147.

multiservicios[144] o, más recientemente, en el ámbito de las denominadas empresas de plataforma[145].

Y tampoco creo que resulte apropiado incorporar a la calificación de la cesión ilegal criterios como los propuestos, que se plantean, en buena medida, en términos tan apodícticos como imprecisos, ni mucho menos que su posible consideración pueda llegar a postergar o mediatizar la apreciación que se haga de otros elementos —vgr. los medios e infraestructura aportada por la contratista y el ejercicio por la misma de manifestaciones típicas del poder de dirección laboral— en los que se sigue cristalizando la esencia y lógica institucional de la cesión prohibida de trabajadores. Además, que las apuntadas objeciones a la jurisprudencia en materia de cesión ilegal tienen que ver más con planteamientos de *lege ferenda*, que no de *lege data*, sobre el fenómeno de la descentralización productiva, se deduce del hecho que se entienda que los tribunales se encuentran muy limitados, pudiendo sólo declarar una contrata lícita o ilícita y que, no existiendo cesión ilegal, la regulación de las contratas legales resulta insuficiente frente a la precarización de las condiciones de trabajo[146].

Pues bien, al hilo de todo lo anterior, ante cualquier lectura del grupo normativo que conforman los arts. 42 y 43 ET, procede subrayar que la contratación de obras y servicios entre empresas constituye una manifestación relevante del derecho a la libertad de empresa garantizada por nues-

---

144 En esta línea, apuntando que los criterios fijados por la jurisprudencia se han revelado útiles para identificar la cesión ilegal llevada a cabo por las empresas multiservicios, CEINOS SUÁREZ, A., op. cit., págs. 146 y 148. Y, en esta misma línea, destacando particularmente aquella doctrina judicial que ha puesto el acento en el criterio relativo al ejercicio del poder de dirección, CAVAS MARTÍNEZ, F.: *Aspectos jurídico-laborales de la externalización productiva a través de empresas multiservicios: estado de la cuestión y propuestas*, Aranzadi, 2019, pág. 78 y 79. Al respecto, cabe citar, por ejemplo, las SSTSJ Castilla-La Mancha 13-1-2009 (Rº 820/2008) y 11-7-2013 (Rº 188/2013).

145 Véase *supra* la bibliografía y doctrina judicial citada en las notas al pie nº 78 y ss.

146 En este sentido, ESTEVE SEGARRA, A. (2019), op. cit., pág. 47.

tra Constitución (art. 38)[147] y por el Derecho de la Unión Europea[148], de modo que la preservación de su contenido esencial condiciona, sin duda, la actividad normativa —ley y autonomía colectiva—, así como la interpretación y aplicación de la norma por parte de la Administración y los órganos de justicia[149]. Alguna jurisprudencia relativamente reciente resulta bastante elocuente en este sentido[150]. Y ello bien puede traducirse, teniendo en cuenta consideraciones precedentes y como idea general, en que no debería ignorarse que el art. 43 ET lo que prohíbe no son ciertas actividades productivas, prestaciones de servicios o funciones laborales, sino algo más específico consistente en la cesión de

---

147 Cfr., entre otros, MARTÍN VALVERDE, op. cit. pág. 214. Ampliamente, PÉREZ DE LOS COBOS ORIHUEL, F.: "Descentralización productiva y libertad de empresa", en (AAVV): *Libertad de empresa y relaciones laborales en España*, Instituto de Estudios Económicos, Madrid, 2005, pág. 181 y ss. En la jurisprudencia, aludiendo a la conexión con la libertad de empresa a la hora de resolver cuestiones relativas a los arts. 42 y 43 ET, entre otras, SSTS 27-10-1994 (Rº 3724/1993); 17-12-2001 (Rº 244/2001); 14-2-2011 (Rº 130/2010) y 20-11-2015 (Rº 104/2015).

148 PÉREZ DE LOS COBOS ORIHUEL, F.: "Las libertades económicas y la regulación laboral de la contratación y subcontratación de obras y servicios", Revista Española de Derecho del Trabajo, Nº 229, 2020, pág. 1 y ss. (versión digital).

149 Cfr. PÉREZ DE LOS COBOS ORIHUEL, F. (2005), op. cit., pág. 181 y ss.

150 STS 21-2-2020 (Rº 159/2018), que, a la hora de interpretar el alcance de una cláusula convencional limitativa de las posibilidades de externalización, señala, de un lado, que: "*La posibilidad de que las empresas externalicen una parte de su proceso productivo forma parte del contenido esencial de la libertad de empresa (art. 38 CE) y es necesario que una norma con rango de Ley la restrinja para que pueda considerarse válida*". Y, por otra parte, recuerda que la "*STC 225/1993 (en el debate sobre libertad de empresa y limitación de horarios comerciales) expresa que la empresa es libre para establecer sus propios objetivos, dirigir y planificar su actividad en atención a sus recursos y a las condiciones del propio mercado. La STJUE de 27 de noviembre de 2019 (C-402/18; Tedeschi y Consorzio Stabile Istant Service) ha advertido que la protección de las personas implicadas en tareas productivas no debe llevarse a cabo restringiendo las libertades empresariales de organizar la producción*".

trabajadores[151]. Por ello, cobra sentido que, en el contexto de actuales debates, se apunte que aquellas interpretaciones que tiendan a establecer una relación automática entre las empresas de plataforma y la cesión ilegal de trabajadores implicarían cercenar su libertad de empresa[152].

Por lo demás, a estas alturas, huelga casi referirse a la consolidación de la descentralización productiva como forma de organización de las empresas, hablándose ya hace tiempo de la "*universalidad*" de esta tendencia organizativa[153]. No se trata, en modo alguno, de un fenómeno que singularice al tejido productivo español frente a otros y, como seguramente ocurre en general, entre las motivaciones de las decisiones de externalización probablemente se entremezclen razones laborales y otras que obedecen más ampliamente a la optimización de costes en términos generales —no sólo laborales—, así como otras motivaciones conectadas con la adaptación empresarial a los escenarios productivos y económicos[154]. Y es que, como se apuntó en su día, con ocasión de examinar el sentido de las previsiones laborales admitiendo la licitud de las contratas, incluidas las de la "propia actividad" empresarial, desde un punto de vista económico podría resultar pernicioso pensar que una empresa puede ser autosuficiente en el desarrollo de la actividad necesaria para la obtención de su fin productivo[155].

Y, en todo caso, al afrontar el debate sobre los confines entre la contrata ilícita y la cesión ilegal, considerando, además, la cierta "*conciencia difusa*" de precariedad laboral

---

151 Cfr., en esta línea, GARCÍA ROS, A., op. cit. pág. 8, citando al Magistrado MOLINER TAMBORERO.

152 GOERLICH PESET, J. M. (2024), cit., pág. 6.

153 DE LUCA TAMAJO, R., op. cit., pág. 3.

154 Una morfología variable y cambiante de estos fenómenos de la que la doctrina se hizo eco desde hace ya tiempo. Cfr. BLAT GIMENO, B.: "El marco socioeconómico de la descentralización productiva", (AAVV): *Descentralización…*, op. cit., pág. 19 y ss.

155 Cfr. GARCÍA MURCIA, J., op. cit., pág. 8.

asociada a la descentralización productiva[156], no resulta vano recordar que la legítima contrata no está exenta de mecanismos legales establecidos para tutelar diversos intereses de los trabajadores; singularmente mediante lo previsto en el art. 42 ET, pero también en otras disposiciones como los arts. 168.1 LGSS, 42 LPRL y 23.2 y 43.2 LISOS. Entre tales mecanismos, tiene un papel destacado la atribución a la empresa comitente de ciertas responsabilidades, solidarias o subsidiarias, derivadas de obligaciones de la contratista respecto de sus trabajadores. El fundamento general de esta tutela laboral es el aprovechamiento indirecto de la mano de obra, unido a que entre los riesgos para los derechos de los trabajadores asociados a las contratas está presente a menudo la menor solvencia económica de las empresas contratistas[157]. Se trata de un mecanismo bastante extendido y arraigado a nivel comparado, si bien su técnica de tutela tradicional no contradice su actual eficacia, pues, dada la proliferación del fenómeno de la descentralización productiva, tiene el potencial de garantizar ciertos derechos de un buen número de trabajadores y, por añadidura, puede comportar una cierta racionalización en el terreno económico-productivo, en tanto que capaz de influir en las decisiones empresariales a la hora de elegir con quién externalizar actividades empresariales[158].

La preferencia por este instrumento sitúa, a mi juicio, al ordenamiento español entre aquellos que han optado por un razonable grado intermedio de tutela laboral para el trabajo en el ámbito de las contratas[159]. Un modelo de regulación y de orientación legislativa frente a la descentralización productiva que, en sus líneas maestras, habría confirmado la última reforma laboral de 2021. Es cierto,

---

156 Cfr. GOERLICH PESET, J.M., op. cit. (2018), pág. 18.

157 Cfr. GARCÍA MURCIA, J., op. cit, págs. 10, 14 y 27.

158 Cfr. PERULLI, A.: "Diritto del lavoro e decentramento produttivo in un prospettiva comparata: problemi e prospettive", Rivista italiana di Diritto del Lavoro, I, 2007, pags. 33 y 34.

159 Cfr., en esta línea, realizando una aproximación comparada, DE LUCA TAMAJO, R., op, cit., pág. 24 y ss.

no obstante, que en el aludido esquema de responsabilidades empresariales se viene identificando ciertos elementos de incertidumbre jurídica e incluso —diría— de falta de equidad para trabajadores y empresas. Destacaría, en este este sentido, la noción de *"propia actividad"* que condiciona la imputación de responsabilidades solidarias a la empresa principal; y, por otro lado, el mecanismo de verificación y, en su caso, exoneración de esta responsabilidad por lo que se refiere a las obligaciones en materia de Seguridad Social. Dos ámbitos en los que, desde hace tiempo, la doctrina ha advertido la necesidad de ciertos replanteamientos o, cuando menos, retoques a nivel normativo o jurisprudencial[160]. Particularmente, respecto a la noción de *"propia actividad"*, además de las ciertas dosis de dificultad aplicativa que sigue comportando pese a la dilatada experiencia jurisprudencial[161], destaca que pueda llegar a negar la tutela en ciertas contratas, tales como, por ejemplo, las de limpieza u otros servicios auxiliares, cuyas características —menos consistencia empresarial y mayor riesgo de insolvencia del contratista— obedecerían claramente al fin tuitivo de la responsabilidad solidaria prevista por la norma[162].

---

160 Cfr., entre otros, PÉREZ DE LOS COBOS ORIHUEL, F.: "El concepto de «propia actividad» empresarial", (AAVV): *Descentralización...*, op. cit., págs. 170 y 171; GARCÍA MURCIA, J.: "Contratas y subcontratas", Revista del Ministerio de Trabajo y Asuntos Sociales, Nº 48, 2004, pág. 27 y ss.; SALA FRANCO, T.: "Los efectos laborales de la contratación y subcontratación de obras o servicios: puntos críticos", Actualidad Laboral, Nº 1, 2005, págs. 3 y 8 (versión digital); VALDÉS DAL-RÉ, F.: "Contratas y subcontratas: las reformas pendientes", Relaciones Laborales, Nº 2, 2007, pág. 7 (versión digital).

161 Como reconoce la jurisprudencia al respecto. Cfr., por ejemplo, STS 2-2-2018 (Rº 251/2016).

162 Así lo viene poniendo de relieve desde hace tiempo un sector de la doctrina. Cfr., entre otros, CRUZ VILLALÓN, J.: "Outsourcing y relaciones laborales", en (AAVV): *Descentralización productiva y nuevas formas de organización productiva,* MTAS, Madrid, 2000, pág. 308. Y entre los análisis recientes, SALA FRANCO, T.: "La noción laboral de contrata y de contrata de "propia actividad", Trabajo y Empresa, Nº 1, 2022, pág. 22 y 23.

La última gran reforma laboral acometida a finales de 2021, aun teniendo entre sus objetivos la *"modernización"* de la regulación de la contratación y subcontratación de actividades empresariales[163], no intervino sobre los aspectos recién apuntados, sino que en el ámbito del art. 42 ET se limitó a introducir un nuevo apartado 6 orientado a evitar que ciertas empresas contratistas puedan escapar del ámbito funcional de cualquier convenio sectorial, pero sin imponer, siempre y para todos los casos, una equiparación en cuanto al convenio aplicable y, por ende, en las condiciones laborales esenciales de los trabajadores de la principal y de la contratista. Por tanto, no se han recepcionado normativamente otras propuestas más maximalistas, en la línea de establecer mecanismos de paridad de tratamiento entre los trabajadores de las empresas principales y las de sus respectivas contratistas, cuya generalización podría tener unas consecuencias, cuando menos, difíciles de predecir para el mercado de trabajo[164]. Una orientación normativa —la de paridad de tratamiento en las contratas— que parece detectable en muy pocos ordenamientos[165].

Con todo, seguramente el aspecto de mayor alcance de la última reforma en punto a la externalización de actividades empresariales no se ubicó en el art. 42 ET, sino en la eliminación del contrato temporal de obra o servicio deter-

---

163 Cfr. preámbulo del RD-ley 32/2021.

164 Como apunta GOERLICH PESET, J.M. (2018), op. cit., pág. 27, comportando quizá una sobreprotección en determinados sectores de actividad que ya aplican convenios colectivos con condiciones razonables; lo que, ciertamente, tendría efectos colaterales difíciles de predecir.

165 Cfr. DE LUCA TAMAJO, R., op. cit., pág. 19. Por cierto, en uno de los ordenamientos de nuestro entorno más próximo, como es el italiano, tal principio de paridad quedó hace ya bastantes anos normativamente derogado, probablemente como reacción legislativa ante la constatación de que la extensión del fenómeno de la descentralización productiva obedece, como antes se apuntaba, a variadas y complejas razones fisiológicas ligadas a la organización de las empresas Cfr., en esta línea, CARINCI, M. T.: *Utilizzazione e acquisizione indiretta del lavoro. Somministrazione e distacco, appalto e subappalto, trasferimento d'azienda e di ramo*, Giappichelli, Torino, 2008, pág. 116.

minado, así como en la prohibición expresa de identificar como causa del contrato por circunstancias de la producción la realización de trabajos en el marco de contratas que constituyan la actividad habitual u ordinaria de la empresa; supuestos a los que, por contraste, se alude en la vigente configuración del contrato fijo-discontinuo (arts. 15.2,5° y 16.1.2° ET)[166]. El legislador confirmó así el giro jurisprudencial[167] acerca de la desvinculación entre causalidad en la contratación temporal y necesidades de las empresas dedicadas habitualmente a prestar servicios en el marco de contratas, por lo que se habría dado un paso decidido en un extremo que se había venido identificando, incluso por delante de la cuestión de los contornos de la cesión ilegal, como prioritario en orden a procurar una mayor calidad del empleo el contexto de la externalización de actividades empresariales[168].

Y regresando, en fin, a la noción de cesión ilegal de trabajadores, lo que, sin duda, la caracteriza, como acontece también con otras instituciones jurídico-laborales, es que la heterogeneidad de las realidades socio-económicas subyacentes se resiste enormemente a ser aprehendida a través de un concepto normativo[169], entendido éste como aquel que indica de forma bastante taxativa las notas de un fenómeno con consecuencias jurídicas, facilitando la tarea lógico-formal de la subsunción y proporcionando

---

[166] Destacando la incidencia de la reforma en estos extremos, véase, entre otros, GOERLICH PESET, J.M.: "Contrato fijo discontinuo: ampliación de supuestos y mejora de sus garantías", Labos, 2022, Vol. 3, Número extraordinario 'La reforma laboral de 2021", págs. 58, 59 y 64; LAHERA FORTEZA, J.: "La contratación laboral en el ámbito de las contratas: de la temporalidad al contrato indefinido", Trabajo y Empresa, N° 1, 2022, pág. 45 y ss.

[167] STS 29-12-2020 (R° 240/2018).

[168] Cfr., en esta línea, LLANO SÁNCHEZ, M., op. cit., págs. 13 y 14; GOERLICH PESET, J.M. (2018), op. cit., pág. 26, 33 y 34; CAVAS MARTÍNEZ, F., op. cit., págs. 155, 156, 163 y 164.

[169] Cfr. PÉREZ DE LOS COBOS ORIHUEL, F.: "El trabajo subordinado como tipo contractual", Documentación Laboral, N° 39, 1993, pág. 37 y ss.

previsibilidad en la aplicación del derecho[170]. Que, tras la delimitación normativa de cesión ilegal introducida por la reforma de 2006, la jurisprudencia haya seguido operando sobre la base de un método indiciario es muestra de las dificultades que rodean a la elaboración de conceptos normativos, existiendo siempre un cierto riesgo de no reparar en todos los elementos que justifican la elaboración del concepto o, inversamente, de ir más allá de esa *ratio legis.* En esta materia, como en otras, la aplicación del derecho se construye en torno a la idea de un tipo jurídico. El tipo no permite subsumir, pero ayuda a enjuiciar si una conducta tiene trascendencia jurídica a través de un razonamiento orientado por ciertos elementos muchas veces graduables e intercambiables, con connotaciones jurídicas y fácticas, que aisladamente considerados tan sólo tiene el valor de señales o indicios[171]. Por ello, el método tipológico en materia de cesión ilegal tiene semejantes ventajas y hándicaps a los apreciados en torno a otros tipos jurídicos. Su principal virtualidad es la plasticidad en la aplicación al caso concreto y a realidades de morfología poliédrica, aunque abonando, a cambio, un cierto precio de inseguridad jurídica, máxime ante la habitualidad de supuestos fronterizos en los que incluso es lógico que se puedan dar ciertas discrepancias o contradicciones judiciales. Algunos pronunciamientos del TS en materia de cesión ilegal acompañados de votos particulares pueden resultar expresivos al respecto[172].

Es cierto, por lo demás, que en este tipo de calificaciones jurídicas también parece jugar un cierto papel una suerte de criterio de aceptación social, lo que ayudaría a explicar por qué ya prácticamente no se cuestiona la licitud de contratas clásicas, como las de limpieza u otros servicios

---

170 Sobre la elaboración de conceptos normativos y sus ventajas y desventajas, LARENZ, K.: *Metodología de la Ciencia del Derecho,* Ariel, Barcelona, 1980, págs. 205 y ss. y 442 y ss.

171 Cfr. LARENZ, K., op. cit., pág. 208 y ss. y 451 y ss.

172 Cfr., en la jurisprudencia reciente, SSTS 16-5-2019 (Rº 3861/2016 y Rº 4082/2016) y 21-1-2022 (Rº 553/2020);

auxiliares[173], y, en cambio, sí se cuestiona hoy en día la contrata de transporte en el ámbito de las denominadas plataformas digitales. Mas, al fin y al cabo, lo que resulta exigible al operador jurídico que se enfrenta al método tipológico es rigurosidad, tomando en consideración el conjunto de circunstancias concurrentes, sin recurrir a una suerte de apreciación selectiva o de espigueo, así como otorgando a tales circunstancias un valor consistente con la esencia y significación de las notas más distintivas del tipo, pues de otro modo la valoración se vuelve tan discrecional o personal que ya no es que no se cuente con un concepto axiomático, sino ni tan siquiera con un tipo con valor orientativo[174].

---

173 Cfr., en esta línea, GOERLICH PESET, J.M (2018), op. cit., pág. 30. Apuntando, asimismo, la cierta paradoja que se produce en torno al hecho de que no se cuestionen contratas clásicas, como las de limpieza o vigilancia, y sí otros supuestos de externalización, SALA FRANCO, T. y RAMÍREZ MARTÍNEZ, J. M., op. cit., pág. 117; LLANO SÁNCHEZ, M., op. cit., pág. 11.

174 Reflexionando en esta línea en punto al sistema de indicios de laboralidad, SÁNCHEZ-URÁN AZAÑA, Y.: "Las fronteras del contrato de trabajo y el sistema de indicios de laboralidad", Revista del Ministerio de Trabajo, migraciones y Seguridad Social, Nº 143, 2019, pág. 37 y ss.

2ª Parte

Efectos y tutela en caso de cesión ilegal de trabajadores (art. 43.3 y 4 ET); cuadro normativo y tratamiento en la jurisprudencia reciente

1. EL CUADRO NORMATIVO DEL ART. 43.3 Y 4 ET: LÍNEAS GENERALES SOBRE LA RESPONSABILIDAD EMPRESARIAL SOLIDARIA Y SOBRE EL DERECHO DE OPCIÓN DEL TRABAJADOR A ADQUIRIR LA CONDICIÓN DE FIJO EN LA EMPRESA CEDENTE O CESIONARIA

Los arts. 43. 3 y 4 ET trazan el cuadro de efectos y de tutela laboral en caso de cesión ilegal de trabajadores, que pivota, de un lado, en una responsabilidad solidaria de las empresas cedente y cesionaria respecto de *"las obligaciones contraídas con los trabajadores y con la Seguridad Social"*, sin perjuicio de otras posibles responsabilidades administrativas o incluso penales; y, de otro lado, en el reconocimiento de un derecho de los trabajadores cedidos ilegalmente *"a adquirir la condición de fijos, a su elección, en la empresa cedente o cesionaria"*.

Se ha hablado, a este respecto, de un vasto sistema de efectos legales derivados de la cesión ilegal, que evidenciaría claramente la repulsa que el fenómeno merece por parte de la normativa laboral[175]. Bien mirado, el esquema

[175] Cfr. SEMPERE NAVARRO, A. V., op cit., pág. 9.

de responsabilidades y garantías contemplado legalmente se correlaciona, en términos generales, con los diversos propósitos o efectos que, doctrinal[176] y jurisprudencialmente[177], se vienen asociando a la cesión de trabajadores; a saber: la elusión de las responsabilidades propias del empresario laboral, incluso exponiendo a veces a los trabajadores cedidos a empresas menos solventes o ficticias, así como a una inestabilidad laboral y degradación de las condiciones de trabajo, por aplicarse en la empresa cedente unas condiciones menos favorables a las correspondientes en la empresa cesionaria. El régimen legal se orienta, por tanto, a deshacer o evitar los efectos indeseados de la cesión prohibida[178].

Por lo que se refiere a la responsabilidad solidaria, se trata de una responsabilidad *ex lege* y, por ende, pura o propia en el sentido atribuido a la regulación del art. 1137 y ss. del Código Civil, implicando que el acreedor se puede dirigir indistintamente contra el cedente o el cesionario, o contra ambos simultáneamente, debiendo hacer frente cualquiera de ellos de la integridad de la deuda, sin perjuicio de las reclamaciones internas entre ellos[179].

Y desde el punto de vista del alcance material de esta responsabilidad solidaria, destaca su ámbito no limitado, por contraste con lo previsto en el art. 42 ET para las contratas y subcontratas de *"propia actividad"*, que ciñe la responsabilidad solidaria en el plano laboral a las obligaciones salariales; lo que resulta absolutamente lógico habida cuenta del carácter prohibido de la cesión y, en cambio, lícito de la genuina contrata[180]. Tal alcance material de la responsabilidad solidaria *ex* art. 43.3 ET — *"en las obligacio-*

---

176 Cfr., por todos, GARCÍA MURCIA, J., op. cit., pág. 9 y 10.

177 Cfr., por ejemplo, en la jurisprudencia reciente, SSTS 2-11-2016 (Rº 2779/2014); 9-1-2019 (Rº 108/2018).

178 Cfr. RODRÍGUEZ RAMOS, M. J. (1995), op. cit., págs. 96 y 189

179 Cfr., entre otros, GARCÍA MURCIA, J., op. cit., pág. 73 y 74; RODRÍGUEZ RAMOS, M. J. (1995), op. cit., pág. 161: CEINOS SUÁREZ, A., op. cit., pág. 153.

180 Cfr., por todos, GARCÍA MURCIA, J., op. cit., pág. 74.

nes contraídas con los trabajadores" — implica que dicha responsabilidad abarca cualquier débito del trabajador frente al cedente o cesionario[181], ya sean obligaciones salariales o de otra naturaleza, desde luego, entre ellas cualesquiera obligaciones económicas derivadas de la extinción del contrato de trabajo[182] y también cualquier otra prestación económica dimanante de las normas legales o convencionales o del propio contrato de trabajo, como, por ejemplo, conceptos extrasalariales, beneficios sociales o mejoras voluntarias de la Seguridad Social, del mismo modo que las indemnizaciones por daños en caso de accidente de trabajo o por vulneración de derechos fundamentales[183]. Este amplio ámbito de posibles responsabilidades solidarias quedaría, no obstante y de modo lógico, limitado temporalmente a las obligaciones contraídas con los trabajadores cedidos mientras subsistió la cesión ilegal[184].

Por tanto, la apuntada responsabilidad solidaria, a pesar del que el art. 43 ET no es del todo expresivo al respecto, resulta predicable ante uno de los efectos más típicos de la cesión ilegal, cual es el diferente tratamiento económico sufrido por el trabajador como consecuencia de haber sido contratado por la empresa cedente y no por la cesionaria y teniendo en cuenta las diferentes condiciones aplicables en una y otra empresa. Aunque la cuestión relativa a cuándo el trabajador cedido tiene derecho a tales diferencias ha sido una cuestión objeto de cierto debate ante el silencio de la norma, una ya lejana jurisprudencia avaló aquella solución consistente en reconocer el derecho a tales diferencias a raíz de un proceso sobre cesión ilegal con reclamación de cantidad "*en favor de un trabajador cuya relación laboral está*

---

181 Cfr. RODRÍGUEZ RAMOS, M. J. (1995), op. cit., pág.158

182 Véase *infra* 3.1 y 3.2.C.

183 Cfr., en esta línea, MORENO GONZÁLEZ-ALLER, I.: "Cuestiones candentes sobre la cesión ilegal de trabajadores", Aranzadi Social, Nº 20, 2008, pág. 13; CEINOS SUÁREZ, A., op. cit., pág. 153 y 154.

184 Cfr. GARCÍA MURCIA, J., op. cit., págs. 72, 75 y 76; SEMPERE NAVARRO, A. V., op cit., pág. 9.

extinguida" y sin que éste hubiera hecho "*previa opción de integración en la plantilla de la empresa cesionaria*"[185].

Y es que de lo previsto en el art. 43 ET cabe inferir un principio de igualdad de trato en las condiciones de trabajo[186], que, aunque el legislador formula de modo vinculado al derecho a reclamar la condición de fijo en la empresa cesionaria (art. 43.4 ET), en la interpretación hecha por al menos parte de los tribunales y siguiendo la lógica de la citada jurisprudencia, ello no va necesariamente unido al ejercicio de ese derecho de opción, sino que parece que puede considerarse como una garantía autónoma —que opera, por tanto, se produzca o no la integración en la empresa cesionaria— dirigida a neutralizar los efectos de la interposición ilícita, permitiendo reclamar, con responsabilidad solidaria de cedente y cesionaria (art. 43.3 ET), los derechos económicos —lo que incluiría salarios y también otros conceptos, como, por ejemplo, mejoras de Seguridad Social— derivados de esa garantía con efectos *ex tunc* —sin perjuicio de las reglas de prescripción— y, por tanto, no limitados a partir del momento de declararse judicialmente la existencia de cesión ilegal[187]. Además, esta es la lectura que parece imponerse tras la reciente STJUE de 24-10-2024

---

185 STS 30-11-2005 (Rº 3630/2004).

186 Cfr. RODRÍGUEZ RAMOS, M. J., op. cit., pág. 208.

187 En la doctrina judicial, considerando viable reclamar diferencias económicas derivadas de la cesión ilegal anteriores a su constatación judicial y de forma independiente al derecho a integrarse en la empresa cesionaria, véase, por ejemplo, STSJ Aragón 24-9-2019 (Rº 412/2019); STSJ Cataluña 9-6-2021 (Rº 1287/2021) y STSJ Madrid 10-12-2021 (Rº 932/2021). En todo caso, más allá de la cuestión relativa a su posible vinculación con el derecho de opción a adquirir la condición de fijo en la empresa cesionaria, la jurisprudencia resulta clara en el sentido de que la cesión ilegal no sólo produce efectos a partir de su declaración judicial, sino también efectos *ex tunc*, limitados tan sólo por la reglas sobre prescripción, toda vez que la declaración de cesión ilegal no tiene efectos constitutivos y, por tanto, resulta posible reclamar las diferencias económicas derivadas de la comparación entre el régimen aplicable a la empresa cedente y el de la empresa cesionaria mientras duró la cesión ilegal. Cfr. SSTS 4-7-2013 (Rº 2637/2012) y 11-2-2014 (Rº 544/2013).

reseñada en la primera parte de este estudio (véase *supra* 3), que lleva inevitablemente a hacer una lectura conjunta de los arts. 43.3 y 4 ET y 11.1 Ley 11/1994, encargado éste último de transponer a nuestro ordenamiento el principio de igualdad de trato de los trabajadores objeto de una *"puesta a disposición"*.

Por su parte, en cuanto a la responsabilidad solidaria por obligaciones en materia de Seguridad Social, cabe entender que la misma se extiende a las obligaciones asumidas también respecto a los trabajadores cedidos y mientras duró la cesión ilegal; lo que puede incluir tanto deudas en materia de cotización —incluyendo la posible infracotización como consecuencia de las diferencias retributivas derivadas de la cesión ilegal— (cfr. arts. 18.2, 33.2, 34.1. y 142.1 LGSS), como, en su caso, la responsabilidad empresarial en el pago de prestaciones por incumplimiento de las obligaciones en materia de alta y/o cotización[188], tal y como lo viene a confirmar la referencia a la cesión de trabajadores en el vigente art. 168.2 LGSS. Y aunque no se diga expresamente, dicha responsabilidad solidaria también podría alcanzar al pago del recargo de prestaciones en caso de accidente de trabajo o enfermedad profesional con inobservancia de las medidas de seguridad y salud en el trabajo (art. 164 LGSS)[189].

Respecto a la otra importante garantía prevista legalmente para el trabajador objeto de cesión prohibida, a diferencia de lo que ocurría en el primer precedente normativo (Decreto 3677/1970), el vigente art. 43 ET no prevé directamente el establecimiento de una relación laboral con la empresa cesionaria, sino que otorga al trabajador cedido la facultad de optar entre la empresa cedente o cesionaria. Aunque conceptualmente el verdadero empresa-

188 Cfr. GARCÍA MURCIA, J., op cit., pág. 75; SEMPERE NAVARRO, A. V., op cit., pág. 10.

189 Cfr. SEMPERE NAVARRO, A. V., op cit., pág. 9; MORENO GONZÁLEZ-ALLER, I., op. cit., pág. 13; CEINOS SUÁREZ, A., op. cit., pág. y 154.

rio del trabajador cedido ilegalmente sería la empresa cesionaria, el legislador ha preferido establecer tal derecho de opción, aceptando implícitamente que la cesión se puede producir entre empresas reales y que la cedente puede aplicar incluso al trabajador unas mejores condiciones y/o ofrecerle confianza sobre su solvencia, garantizándole en todo caso el art. 43 ET el carácter indefinido de la relación laboral, como manifestación legal del principio de estabilidad en el empleo[190]. Con todo, probablemente en la *mens legislatoris* haya seguido estando presente que lo normal y más frecuente será que el trabajador opte por la empresa cesionaria y de ahí que el art. 43 ET, junto con prever el derecho de opción, se venga refiriendo expresamente al estatuto aplicable tras la integración en la empresa cesionaria[191], disponiendo que: "*Los derechos y obligaciones del trabajador en la empresa cesionaria serán los que correspondan en condiciones ordinarias a un trabajador que preste servicios en el mismo o equivalente puesto de trabajo, si bien la antigüedad se computará desde el inicio de la cesión ilegal*".

Nótese que el derecho de opción se reconoce con independencia de la modalidad contractual con la que hubiera sido contratado el trabajador por la cedente, de modo que en caso de contrato temporal se producirá una novación objetiva y *ope legis* del mismo, convirtiéndose en un contrato indefinido[192]. Una garantía particularmente relevante habida cuenta que durante largo tiempo las prestaciones de servicios laborales en el marco de contratas de obras o servicios, potencialmente encubridoras de cesiones ilegales, se han venido encauzando a través del recurso de la contratación temporal vinculada al objeto y duración de la contrata; situación a la que, como ya se apuntó, se habría

---

190 Cfr., en esta línea, RODRÍGUEZ RAMOS, M. J. (1995), op. cit., págs. 85, 190 y 191.

191 Cfr., en esta línea, SEMPERE NAVARRO, A. V., op cit., pág. 10; MORENO GONZÁLEZ-ALLER, I., op. cit., pág. 13.

192 Cfr., en esta línea, RODRÍGUEZ RAMOS, M. J. (1995), op. cit., págs. 85, 190 y 191.

puesto coto, no hace demasiado, por la jurisprudencia[193] y por la reforma laboral de 2021, con la supresión del contrato temporal de obra o servicio determinado y la prohibición de identificar como causa del contrato por circunstancias de la producción la realización de trabajos en el marco de contratas; supuestos a los que, en cambio, se alude en el actual régimen del contrato fijo-discontinuo (arts. 15.2,5º y 16.1.2º ET).

El hecho de que tras estos cambios normativos se pueda generalizar, en cierta medida, el contrato de fijo-discontinuo en el ámbito de las contratas, no resta operatividad a la garantía prevista en sede de cesión ilegal de trabajadores. Ante la ausencia de indicación normativa que se exprese en otro sentido, hay que entender que la garantía de conversión en fijo *ex* art. 43.4 ET es predicable también de aquellos que hubieran sido contratados bajo la modalidad de fijo-discontinuo, máxime considerando que si no hay contrata lícita decae el objeto o causa justificativa para la utilización del contrato fijo-discontinuo, cuya particularidad, consistente en *"los periodos de inactividad"* —que en el caso de las contratas se asocian a periodos de espera para la recolocación entre contratas (cfr. art. 16.4 ET) —, incide, además, sobre el trabajador en términos retributivos.

Tras estas líneas generales sobre los principales efectos legales derivados de la cesión ilegal de trabajadores, debe subrayarse que la contundencia con la que se expresan los apartados 3 y 4 del art. 43 ET, en unos términos mínimamente alterados por el legislador desde el ET de 1980, no ha evitado que en torno a su aplicación hayan ido surgiendo diversas dudas y cuestiones conexas y, en definitiva, variados puntos críticos[194]. Por ello, la jurisprudencia del TS se viene pronunciando con relativa frecuencia sobre as-

---

193 STS 29-12-2020 (Rº 240/2018).

194 Que se imputan a una deficiente regulación por GARCÍA ROS, A., op. cit., pág. 19. En la misma línea, señalando una falta de precisión del legislador a la hora de regular las consecuencias derivadas de la cesión ilegal, SEMPERE NAVARRO, A. V., op. cit., pag. 9

pectos de notable trascendencia dentro del régimen legal de garantías asociadas a la cesión ilegal[195]. Y de ahí seguramente que, con ocasión de la última reforma —2006— que incidió directamente sobre el art. 43 ET, se hablase de una cierta oportunidad perdida en orden a clarificar la tutela sustantiva y procesal de la cesión ilegal, yendo más allá de la mera cuestión relativa a su distinción con la contrata lícita[196]. En las páginas que siguen se presta atención a diversas de las cuestiones que se vienen suscitando, tomando principalmente como referencia la jurisprudencia reciente.

2. ALGUNAS CUESTIONES RELEVANTES SOBRE EL EJERCICIO DE LA ACCIÓN JUDICIAL INVOCANDO LA TUTELA FRENTE A LA CESIÓN ILEGAL

2.1. Pluralidad de cauces procesales

Ni del art. 43 ET, ni de la normativa procesal del orden social, se desprende ninguna indicación específica acerca del cauce procesal idóneo para que el trabajador pueda invocar la tutela frente a la cesión ilegal, por lo que se viene entiendo que el mismo sería el proceso laboral ordinario (art. 80 y ss. LRJS), al que cabe reconducir todas a aquellos conflictos o cuestiones sin una modalidad procesal específica[197]. Además, a través de este proceso ordinario, en la demanda solicitando efectos expresamente previstos para el incumplimiento de la prohibición de cesión de mano

---

195 Cfr., en esta línea, CEINOS SUÁREZ, A., op. cit., pág. 154, 157 y 160. Subrayando también que son variadas las cuestiones relativas a la tutela frente a la cesión ilegal que siguen planteándose actualmente ante el TS, DE LA PUEBLA PINILLA, A., op. cit., pág. 5 y 6.

196 Cfr., en esta línea, MORENO GONZÁLEZ-ALLER, I., op. cit, pág. 5 y 6.

197 Cfr. GARCÍA ROS, A., op. cit., pág. 19.

obra, se podrán acumular otras cuestiones íntimamente conectadas con la tutela invocada[198].

Ocurre, sin embargo, que en la práctica ha venido siendo relativamente frecuente que la invocación de la tutela frente a la cesión ilegal se produzca tras una decisión extintiva de la relación laboral adoptada por la empresa que había contratado formalmente al trabajador, habiéndose admitido, desde hace tiempo, que procede invocar dicha tutela a través de las modalidades procesales en materia de despido (art. 103 y ss. LRJS). La jurisprudencia, en efecto, ha entendido que en estos casos la determinación de la existencia de una posible cesión ilegal constituye una *"cuestión previa"* o *"cuestión prejudicial interna"*[199], por lo que el planteamiento de la misma en la demanda de despido no incurriría en una acumulación de acciones contraria a lo dispuesto en el art. 26.1 LRJS[200]. Más adelante se aludirá a otras cuestiones que se vienen planteando en torno a esta imbricación entre la impugnación judicial de una decisión extintiva y la tutela frente a la cesión ilegal.

Siguiendo ahora con un planteamiento general relativo a los cauces procesales en los que cabría invocar dicha tutela, cabe destacar el criterio advertido acerca de la posibilidad de promover una controversia en materia de cesión ilegal a través del proceso especial de conflicto colectivo, para el cual, como es sabido, están legitimados activamente

---

198 Cfr., recientemente, las SSTS 14-2-2024 (Rº 930/2021) y 26-4-2024 (Rº 3221/2021) han entendido que es posible que en la demanda por cesión ilegal solicitando el derecho a adquirir la condición de fijo en la Administración cesionaria, se incluya también la pretensión de que el inicio de la relación laboral se considere producida antes de la cesión ilegal por haberse prestado anteriormente servicios para la Administración en virtud de un vínculo considerado fraudulento.

199 Cfr., en la jurisprudencia reciente, entre otras, y con cita de pronunciamientos anteriores, SSTS 31-5-2017 (Rº 3481/2015) y 14-12-2017 (Rº 312/2016).

200 Cfr., entre otros, MORENO GONZÁLEZ-ALLER, I., op. cit., pág. 8; GARCÍA ROS, A., op. cit., pág. 20; CEINOS SUÁREZ, A., op., cit., pág. 157.

ya no sólo los órganos de representación legal o sindical de los trabajadores en la empresa, sino incluso, en determinadas circunstancias, directamente los propios sindicatos (art. 153 y ss. LRJS). A este respecto, se parte de la idea de que, por regla general, este tipo de procesos no resultaría adecuado, pues la declaración de cesión ilegal exige una valoración de hechos muy singulares, referidos ya no sólo a cada caso determinado, sino incluso a cada trabajador o prestación laboral concreta[201]. Y ello casaría mal con la delimitación del objeto propio del proceso de conflicto colectivo que ha venido efectuando la jurisprudencia, que, aun admitiendo la posibilidad de que el interés colectivo resulte susceptible de individualización y que tal proceso colectivo pueda comportar sentencias condenatorias ejecutables —tal y como se desprende del vigente art. 160.3 LRJS—, ha puesto el foco en la necesidad de que la demanda de conflicto colectivo sea susceptible de resolverse de una forma abstracta, sin atender a circunstancias particulares de cada trabajador, pues no se daría entonces el elemento distintivo de este proceso especial relativo a la "*afectación indiferenciada o por igual de la totalidad de los miembros del grupo*"; delimitación que seguiría teniendo validez tras la referencia amplia al objeto del proceso de conflicto colectivo contenida en el vigente art. 153.1 LRJS[202]. Y, por ello, tras la entrada en vigor de esta norma se ha sostenido la inadecuación del proceso de conflicto colectivo cuando los elementos necesarios para apreciar una eventual cesión prohibida quedaban diluidos, en tanto que no todos los

---

201 Cfr., en esta línea, STSS 12-6-2007 (Rº 5234/2004), aunque en el caso concreto se acaba apreciando la adecuación del procedimiento de conflicto colectivo y curiosamente quien había presentado el recuso frente a la sentencia de suplicación, que había declarado de oficio la inadecuación, fue la parte empresarial interesada en mantener el pronunciamiento de instancia en que se había declarado la inexistencia de cesión ilegal. Al respecto, véase SEMPERE NAVARRO, A. V.: "¿Un pleito colectivo sobre posible cesión ilegal de trabajadores? Comentario a la STS 12 junio 2007, rec. 5234/2004, Aranzadi Social, Nº 29, 2007.

202 Expresiva en este sentido la STS 4-10-2016 (Rº 232/2015).

trabajadores realizaban la misma actividad, ni estaban sujetos a un poder de dirección representado por las mismas personas o con atribuciones iguales o parecidas, sin que resulte factible extrapolar de unos trabajadores a otros las notas definitorias de su prestación de servicios[203].

Sin embargo, la aplicación que, de semejantes pautas, se ha hecho en algún otro caso ha llevado a declarar la viabilidad del proceso de conflicto colectivo. Cabe, en este sentido, aludir a una STS bastante reciente en que se desestimó la excepción de inadecuación del procedimiento de conflicto colectivo, confirmándose la sentencia de instancia de la Audiencia Nacional, tanto en punto a dicha adecuación cuanto en lo relativo a la existencia de cesión ilegal de un grupo de 183 trabajadores y, por ende, confirmándose también su derecho a integrarse en la empresa cesionaria en los términos suplicados por la demanda de conflicto colectivo. El TS, aun reiterando la idea de que la regla general sería la inadecuación del procedimiento, entiende que la misma debe ceder cuando es posible pronunciarse sobre la existencia de cesión ilegal sobre la base de circunstancias comunes a todo el colectivo de trabajadores, considerando que en el caso concreto "*resultan absolutamente idénticas, genéricas, homogéneas e indiferenciadas las condiciones en las que prestan servicios todos los trabajadores afectados*" y que de los "*hechos probados no se desprende elemento alguno que rompa esa homogeneidad*"[204].

Por lo demás, en estos procesos de naturaleza colectiva, lo que incluiría también a los procedimientos de despido colectivo, hay que tener en cuenta los mandatos expresos que la norma procesal efectúa en punto a la cosa juzgada. Considerando, en efecto, que, tanto en los procesos de despido colectivo como en general de conflictos colectivos, lo resuelto por sentencia firme tiene efectos de cosa juzgada sobre los pleitos individuales pendientes o futuros (arts.

---

203 Véase la STS citada en la nota anterior.

204 STS 23-5-2023 (Rº 183/2021).

124.3 y 160.5 LRJS), la jurisprudencia ha entendido que se debe otorgar dicho efecto en casos en que se observó que lo decidido en materia de cesión ilegal —en este caso, declarando la inexistencia de cesión— se basaba en unos hechos que afectaban por igual a todos los trabajadores, sin que se apareciesen elementos de matización o diferenciación significativos, cerrando ello el paso, por tanto, a nuevas reclamaciones individuales invocando la existencia de cesión ilegal con un objeto no diferenciable de lo ya valorado en el procedimiento de naturaleza colectiva[205].

2.2. *El requisito de que la cesión ilegal esté "viva" y sus matizaciones*

Probablemente por la inercia heredada en la interpretación de antecedentes normativos, la jurisprudencia ha venido exigiendo que para accionar judicialmente frente a la cesión ilegal *ex* art. 43 ET, no sólo la relación laboral debe estar vigente, sino que debe seguir subsistiendo la pretendida situación de cesión[206]. Con todo, este requisito ha sido objeto de diversas matizaciones que, a la luz de la actual jurisprudencia, pueden sintetizarse tal y como sigue.

De un lado, una primera matización ya ha quedado previamente apuntada cuando se aludía a que, desde hace tiempo, la jurisprudencia ha admitido invocar la tutela la cesión ilegal en una demanda contra la decisión empresarial extintiva de la relación laboral, exigiéndose, eso sí, que tal decisión se hubiera adoptado estando viva la posible cesión ilegal. El razonamiento jurisprudencial al respecto se expresa en el sentido de que negar esta posibilidad sería "*ignorar la conexión inmediata y la manifiesta interdependencia que puede existir entre el despido y la cesión ilegal cuando el trabajador es despedido mientras dicha cesión está vigente*" y que, por ende, hacer optar al trabajador por una de las acciones podría te-

---

205 Cfr. SSTS 2-10-2018 (Rº 3696/2017) y 16-10-2018 (Rº 21177/2017).

206 Cfr. RODRÍGUEZ RAMOS, M. J. (1995), op. cit., pág. 193 y ss.

ner como resultado su desprotección[207]. Como se ha dicho en el seno de un procedimiento de despido colectivo, pero extrapolable al resto de procesos de despido, el debate acerca de la existencia de cesión ilegal no deriva de una acción absolutamente independiente sino de la necesidad de dilucidar un elemento esencial para el ejercicio de la acción de despido; a saber: la determinación del sujeto sobre el que puede recaer la condición de empresario y, en su caso, la responsabilidad que le corresponde afrontar, proyectando las consecuencias legales de la cesión ilegal y las del despido y asumiendo, de este modo, el juzgador una posición semejante a cuando se hace una petición de declaración de grupo de empresas o del levantamiento del velo[208].

Cuestión diferente sería que se produzca el despido por la empresa contratante del trabajador una vez ya inexistente la eventual cesión ilegal, toda vez que ya no se podría alegar la presencia de esa conexión a la que alude la jurisprudencia[209]. Ello no obstante, la jurisprudencia reciente también ha aplicado su doctrina relativa a la viabilidad de una acción conjunta de despido y cesión ilegal en casos en que el despido se había producido ya finalizada la relación mercantil entre empresas y no estando, por tanto, ocupado el trabajador accionante en la contrata que se reputaba encubridora de cesión ilegal. A tal efecto, se han tomado en consideración como datos relevantes, no sólo que el despido se produjo unos pocos días después de la extinción de dicha relación mercantil, no estando durante es escaso tiempo el trabajador ocupado en ninguna otra contrata, sino también que con anterioridad al despido y

---

207 Por todas, STS 8-7-2003 (Rº 2885/2022). Y aplicando esta doctrina o formulando consideraciones en la misma línea, en la jurisprudencia más reciente, entre otras, SSTS 20-5-2015 (Rº 179/2004); 31-5-2017 (Rº 3599/2015); 20-4-2021 (Rº 2700/2018).

208 Cfr., en esta línea, STS 20-5-2015 (Rº 179/2004)

209 Cfr. absolviendo a la empresa cesionaria de una responsabilidad solidaria de las consecuencias del despido por haberse producido el despido y, por tanto, la acción judicial bastante tiempo después de la que situación de cesión estuviera vigente, STS 21-6-2016 (Rº 2231/2014).

a la finalización de la contrata y estando, por consiguiente, "viva" la presunta cesión ilegal, el trabajador había interpuesto *"papeleta de conciliación"* reclamando la existencia de tal cesión ilegal[210]. En relación con este último extremo, se inauguraba así otro criterio de interpretación relevante en el terreno de las matizaciones al requisito de que la cesión esté "viva", con proyección más allá de los supuestos en que se haya podido producir una extinción de la relación laboral, tal y como se dará cuenta con posterioridad.

Emparentada, en buena medida, con la matización relativa a la extinción del contrato y subsiguiente ejercicio de derechos derivados de la cesión ilegal, estaría la solución dada por la jurisprudencia a la compleja cuestión planteada cuando se pretende la ejecución judicial de una sentencia firme de cesión ilegal con derecho a integrase como fijo en la plantilla de la cesionaria y, antes de que la misma hubiera adquirido firmeza, la empresa cedente procede a la extinción del contrato por finalización contrata. En los diferentes supuestos suscitados ante el TS, dicha extinción contractual había sido impugnada judicialmente, pero, por diferentes motivos, en el momento de solicitar la ejecución de la sentencia de cesión ilegal, o bien existía sentencia firme confirmando la extinción, o bien no existía una resolución judicial declarando el restablecimiento de la relación laboral.

Todas las resoluciones del TS recaídas a este respecto se han decantado por revocar las sentencias de suplicación recurridas, amparándose así el derecho del trabajador a ejecutar la sentencia y obligando, por tanto, a la cesionaria a su incorporación. En la argumentación del TS, además de la referencia a su propia doctrina sobre la acción de cesión ilegal en los supuestos de despido, destaca la apelación a la doctrina del TC que identifica la ejecución de las sentencias en sus propios términos como una manifestación muy relevante del derecho a la tutela judicial efectiva *ex* art. 24.1

---

210 STS 31-5-2017 (Rº 3599/2015). En el mismo sentido, STS 28-2-2018 (Rº 3885/2015).

CE, que sólo debe ceder ante el concurso de elementos que la hagan imposible física o jurídicamente, considerándose reflejo ello lo previsto en el art. 239.5 LRJS que subraya lo excepcional de la declaración de inejecución de una sentencia cuando dispone que: "*Solamente puede decretarse la inejecución si, decidiéndose expresamente en resolución motivada, se fundamenta en una causa prevista en una norma legal y no interpretada restrictivamente (...)*"; para, a la postre, concluir el Alto Tribunal que en los supuestos planteados no existían elementos que hicieran imposible física o jurídicamente la ejecución o la dificultasen, sin que la extinción del contrato decidida por la empresa cedente sea algo completamente ajeno e independiente de lo resuelto en el proceso de cesión ilegal, por lo que "*aceptar la inejecución dejaría sin contenido la (...) sentencia* (firme de cesión ilegal) *y posibilitaría supuestos de fraude procesal*"[211]. Un razonamiento semejante, aludiendo a que la extinción de la relación laboral no puede enervar los efectos propios de una acción de cesión ilegal, ni impedir la ejecución de sentencias en tal sentido, se ha mantenido para desautorizar que una sentencia que declare la existencia de cesión ilegal pueda limitar los efectos de tal declaración al momento en que, estando pendiente la resolución del proceso sobre cesión ilegal, se extingue la relación por la empresa cedente, comportando esa limitación cercenar el derecho de opción ejercido a integrarse en la cesionaria[212].

La respuesta dada por la jurisprudencia en estos casos parece, en efecto, juiciosa en orden a evitar posibles maniobras fraudulentas que puedan frustrar la ejecución de una sentencia de cesión ilegal y, en particular, para evitar que

---

211 SSTS 3-10-2012 (Rº 4286/2011); 11-12-2012 (Rº 271/20120); 20-12-2016 (Rº 1794/2015); 13-12-2018 (Rº 2719/2016). Sobre esta jurisprudencia, véase también BASTERRA HERNANDEZ, M.: "La ejecución de la sentencia firme de cesión ilegal una vez se ha extinguido la relación laboral", en (AAVV): *Descentralización productiva y transformación del Derecho del Trabajo*, Tirant lo Blanch, Valencia, 2018, pág. 312 y ss.

212 STS 6-7-2022 (Rº 2322/2019).

la cesionaria escape de sus responsabilidades como consecuencia de una extinción decidida por quien los tribunales han declarado como mero empleador formal del trabajador, operando el derecho de opción no sólo como garantía de éste sino también como sanción empresarial por la conducta prohibida. Con todo, llama algo la atención que en ningún supuesto se haya hecho consideración alguna respecto a las posibilidades de actuación procesal del trabajador, instando la ejecución provisional de la sentencia de cesión ilegal y el derecho a integrarse en la empresa cesionaria. Ciertamente, la problemática suscitada en la jurisprudencia reseñada tal vez se hubiera soslayado de haberse producido tal ejecución provisional; lo que, aunque no encuentra una referencia expresa en la norma procesal laboral y probablemente durante tiempo ha sido una cuestión no fácil de lograr, por dificultades más teóricas que prácticas[213], parece ser viable en virtud de la remisión que el art. 305 LRJS efectúa a la LEC (art. 524 y ss.). En este sentido se expresa doctrina judicial reciente[214]. Y si ello es así, quizá cabría pensar en que la LRJS hiciera más "visible" tal posibilidad de ejecutar provisionalmente las sentencias de cesión ilegal en orden a mitigar situaciones rodeadas de incertidumbre y conflictividad.

Por otra parte, y teniendo ello trascendencia, como se apuntaba, más allá de los supuestos en que se haya podido producir una extinción de la relación laboral que es impugnada judicialmente invocando, a su vez, cesión ilegal; esto es, también para los casos en que se insta una demanda sólo por cesión ilegal, en la jurisprudencia se ha producido en los últimos años un cierto cambio de criterio acerca de cuándo cabe entender que el trabajador ha promovido la acción de tutela frente a la cesión estando la misma "viva". El entendimiento precisando que la cesión debía pervivir

---

213 Cfr. GARCÍA ROS, A., op. cit., pág. 21 y 22.

214 Cfr., entre otras, STSJ Navarra 14-9-2017 (Rº 262/2017); STSJ Andalucía 18-11-2021 (Rº353/2020); STSJ Extremadura 11-7-2022 (Rº 373/2022).

justo en el momento de interponer la demanda judicial[215], ha sido matizado por una doctrina más reciente que se refiere al momento de presentar la solicitud de conciliación pre-procesal, aunque no subsistiera la cesión en el momento posterior de ejercitar la acción judicial. Y ello sobre la base de destacar la obligatoriedad del trámite de intento de conciliación previa *ex* art. 63 LRJS, que de no existir hubiera significado que la manifestación de voluntad del trabajador de ejercitar sus derechos ante la cesión ilegal hubiera quedado expresada directamente mediante la interposición de la demanda judicial[216].

Pero es que, además, más recientemente esta doctrina se ha considerado también extrapolable al supuesto del trabajador que promovió el trámite de conciliación pre-procesal reclamando la existencia de cesión ilegal estando ésta "viva" y posteriormente es objeto de despido que no es impugnado judicialmente, confirmándose, por tanto, la extinción del contrato de trabajo. Se ha entendido, en efecto, que en tal caso también estaba "viva" la acción de cesión ilegal, reclamando el derecho de fijeza electiva *ex* art. 43.4 ET, que no puede verse cercenado por de las vicisitudes posteriores dimanantes del despido acaecido después de acudir a la *"vía previa"* de la acción de cesión ilegal[217]. A este respecto, el TS trae a colación también su jurisprudencia antes reseñada que, en el ámbito de la ejecución de sentencias, resta virtualidad a las decisiones extintivas en orden a evitar maniobras fraudulentas, adoptando un criterio que, a la postre, comporta que promovida la reclamación pre-procesal por cesión ilegal y producido posteriormente un despido, el trabajador ya no se vea obligado a una acción conjunta de despido, pues éste carece de efectos impeditivos sobre la acción de cesión y la previa extinción contractual confirmada no impediría una posterior declaración de fijeza.

---

215 Cfr., entre otras, SSTS 7-5-2010 (Rº 3347/2009); 3-12-2012 (Rº 4826/2011); 30-9-2014 (Rº 193/2013).

216 Cfr. SSTS 14-12-2017 (Rº 312/2016); 11-7-2018 (Rº 2559/2016); 14-1-2020 (Rº 2501/2017).

217 STS 4-12-2024 (Rº 277/2022).

Desde otro punto de vista, la jurisprudencia reciente también ha tenido oportunidad de matizar que no resulta necesario que la cesión ilegal subsista cuando lo que el trabajador cedido ilegalmente reclame contra la empresa cesionaria sea el reconocimiento de un periodo de antigüedad a efectos retributivos, invocando lo dispuesto en el art. 43.4 ET. Se señala, a este respecto, que la jurisprudencia "*ha sido constante al afirmar que la cesión ilegal ha de estar viva en el momento en que se ejercita la acción, pero esta exigencia temporal (...) se limita a la acción de fijeza electiva (...) precisamente porque así lo imponen los términos del art. 43.4 ET y la más elemental lógica jurídica (...). Esta comprensible limitación temporal ha de excluirse, sin embargo, cuando lo que se pretende no es propiamente ejercitar la elección de fijeza (...), sino derivar —de ese prestamismo laboral producido con anterioridad— determinadas consecuencias (...) entre otras las que se reclama en autos, de que se le reconozca —a efectos de antigüedad— el tiempo de servicios prestados por su actual empresa como empleado cedido legalmente —se afirma— por una tercera empleadora*"[218].

Y abundando al hilo de esta doctrina y en general de la jurisprudencia habida en torno a la exigencia procesal de que la cesión esté "viva", cabe colegir que dicha exigencia es predicable exclusivamente para aquellas pretensiones judiciales dirigidas a hacer efectivo el derecho de opción a adquirir la fijeza, pero no para aquellas otras que, formuladas de forma unida o separada a la anterior, lo que peticionen sean otras consecuencias que, de conformidad con el art. 43.3 y/o 4 ET, se asocian a la constatación de una cesión prohibida de mano de obra[219]; pretensiones que, en

---

218 SSTS 17-5-2018 (Rº 4153/2016) y 19-5-2020 (Rº 2494/2017). En la misma línea, admitiendo la competencia de la jurisdicción social respecto a la demanda de una funcionaria que reclama judicialmente para que una prestación de servicios anterior relacionada con el mismo organismo público se le compute a efectos de antigüedad, invocando que esa prestación de servicios constituyó una cesión ilegal, STS 29-6-2022 (Rº 2017/2021).

219 En la ya citada STS 29-6-2022 (Rº 2017/2021) se puede leer que: *"conforme a la doctrina de esta Sala Cuarta, no se requiere la situación de cesión ilegal subsista en el momento de la presentación de la papeleta de con-*

su caso, quedarían sujetas a las reglas de prescripción del art. 59 ET. Así se deduce respecto al reconocimiento de la antigüedad de la doctrina jurisprudencial que se acaba de señalar, pero lo mismo cabe afirmar de la amplia responsabilidad solidaria respecto a las obligaciones contraídas con los trabajadores durante la cesión *ex* art. 43.3 ET[220], incluyendo también el derecho a las diferencias económicas a percibir con carácter retroactivo, que ha reconocido la propia jurisprudencia para el caso de que las condiciones que le hubieran correspondido al trabajador en la empresa cesionaria fuesen superiores a las aplicables y percibidas en la empresa cedente[221].

Sobre esta posibilidad de reclamar diferencias económicas en sentido amplio —lo que incluiría tanto salarios como, por ejemplo, mejoras de Seguridad Social— aun finalizada la cesión y de forma independiente al ejercicio del derecho de opción, la doctrina judicial no ha venido manteniendo criterios uniformes[222], probablemente debido a

---

ciliación, si lo que se reclama no es la declaración de fijeza o de integración en una u otra empresa, sino otra pretensión distinta, como puede ser la declaración de cesión ilegal acumulada a la acción de despido o el cómputo del periodo en que hubo cesión ilegal a efectos de antigüedad". En la doctrina, apuntando, asimismo, a la luz de la jurisprudencia, que el requisito de que la cesión esté "viva" debería limitarse únicamente a la acción de fijeza, CEINOS SUÁREZ, A., op. cit., pág. 157.

220 La doctrina ha venido apuntando que está responsabilidad quedaría sujeta a los plazos generales de prescripción *ex* art. 59 ET. Cfr. GARCÍA MURCIA, J., op cit., pág. 76; RODRÍGUEZ RAMOS, M. J. (1995), op. cit., pág. 162.

221 Véase lo señalado *supra* 1 y lo que se volverá a señalar en el preseente epígrafe e *infra* 4. En contra, considerando que la relación debe estar "viva" para reclamar tales diferencias, con cita de una jurisprudencia antigua y de alguna doctrina judicial, MORENO GONZÁLEZ-ALLER, I., op. cit., pág. 12.

222 En la doctrina judicial reciente, declarando la existencia de acción judicial para reclamar responsabilidad solidaria exigiendo tales diferencias salariales, a pesar de que la cesión ya no estaba "viva" y no existía relación laboral con ninguna de las empresas, apoyándose en la doctrina del TS relativa a la antigüedad antes reseñada, STSJ Cataluña 9-6-2021 (Rº 1287/2021) y STSJ Madrid 10-12-2021 (Rº 932/2021). En la misma línea, respecto a la reclamación de una

que, dados los términos en que se han planteado los núcleos de debate ante el TS, la jurisprudencia no se ha visto obligada a argumentar de forma muy directa sobre la cuestión. Pero, en buena medida, ha pasado desapercibido que ya hace tiempo que la jurisprudencia reconoció el derecho a tales diferencias retributivas no considerando obstáculo para ello, como ya se subrayó anteriormente, que tal reconocimiento se hiciera "*en favor de un trabajador cuya relación laboral está extinguida*" y sin que éste hubiera hecho "*previa opción de integración en la plantilla de la empresa cesionaria*"[223] ; entendimiento que habría quedado confirmado por algún pronunciamiento reciente[224].

Ciertamente, no parece que la reclamación de un trabajador solicitando tales efectos económicos, iniciando el trámite de conciliación pre-procesal una vez terminada la situación de cesión e incluso inexistente relación contractual alguna con las empresas cedente o cesionaria (aunque con sujeción al plazo de prescripción del art. 59.2 ET; esto es, un año a computar desde el devengo de la cuantía económica y, por tanto, desde que se pudo ejercer dicha acción de reclamación de diferencias y no desde que se constata

mejora de Seguridad Social prevista en el convenio colectivo de la empresa demandada como cesionaria, STSJ Aragón 24-9-2019 (Rº 412/2019). En cambio, en sentido opuesto, negando la existencia de acción, SSTSJ Madrid 13-7-2006 (Rº 1798/2006) y 28-2-2014 (Rº 1427/2013); STSJ Cataluña 27-7-2020 (Rº 6541/2019).

223 STS 30-11-2005 (Rº 3630/2004).

224 Cfr. STS 26-2-2025 (Rº 133/2022), en la que, antes de abordar el objeto del debate casacional y a la vista de que la trabajadora presentó papeleta de conciliación no existiendo en tal momento la pretendida cesión ilegal, se afirma que "*la demanda de cesión ilegal se ha presentado extemporáneamente: la actora no podrá optar por adquirir la condición de fijo en la empresa cesionaria. Pero sí que puede reclamar los salarios adeudados*" (diferencias salariales derivadas de la cesión), para a continuación pronunciarse sobre la posible prescripción de las cantidades reclamadas en el sentido que se apunta a continuación en el texto, coincidente con la doctrina sentada, asimismo, en otras sentencias citadas en la nota al pie subsiguiente.

judicialmente la existencia de cesión ilegal[225]) se oponga al tenor y espíritu del art. 43 ET, ni a planteamientos formulados por la jurisprudencia en su interpretación, tal y como aquel que, precisamente a la hora de reconocer derechos retributivos con efectos *ex tunc*, considera que la declaración de cesión ilegal no tiene efecto constitutivo de la relación laboral, pues ni el ejercicio del derecho de opción ni la sentencia que lo declaran crean una relación nueva, sino que confirman la que ya existía[226].

Finalmente, para cerrar este epígrafe a modo de valoración de la jurisprudencia relativa al requisito de que la cesión esté "viva" y sus matizaciones, uno saca, de entrada, la impresión de un panorama algo confuso que tal vez esté comportando dosis reseñables de inseguridad jurídica, como en cierto modo lo pondría de manifiesto el considerable número de pronunciamientos del TS que se vienen dando en torno a esta cuestión. Pero es que, además, se trata de un requisito que no resulta, cuando menos, fácil de deducir de la letra del art. 43 ET, ni de otra previsión normativa. Siendo, asimismo, parca su fundamentación por parte de la jurisprudencia —a lo sumo, se apela sin más a la lógica jurídica—. Y no se trata de una cuestión menor, sino que ello proyecta sus efectos, seguramente en muchos casos con incerteza —los trabajadores no tienen por qué saber cuánto tiempo puede subsistir la situación de cesión ilegal— sobre el terreno sensible de la tutela judicial efectiva *ex* art. 24.1 CE[227]. A este respecto, entre la doc-

---

225 Cfr., entre las más recientes, SSTS 26-11-2013 (Rº 2353/2012); 11-2-2014 (Rº 544/2013) y 26-2-2025 (Rº 133/2022).

226 Cfr., entre otras, SSTS 5-12-2006 (Rº 4927/2005); 4-7-2013 (Rº 2637/2012); 11-2-2014 (Rº 544/2013).

227 Ya hace algún tiempo que algunos autores criticaron negativamente este requisito jurisprudencial desde la perspectiva del art. 24 CE, por negar la existencia de un ínterin razonable predicable para toda acción judicial. Cfr. RODRÍGUEZ RAMOS, M. J. (1995), op. cit., pág. 196, citando a BLAT GIMENO. Más recientemente, considerando inexistente una referencia normativa que fundamente tal exigencia y destacando la parquedad argumentativa de la jurisprudencia sobre este requisito generador de distorsiones difíciles de justificar desde

trina constitucional reciente, contamos con el precedente del recurso de amparo estimado frente a la interpretación efectuada por la jurisprudencia negando la posibilidad de demandas individuales cuestionando las causas de despido colectivo cuando hubiera habido acuerdo durante el periodo de consultas con los representantes de los trabajadores, entendiendo el TC que ello resultaba contrario al art. 24.1 ET por tratarse de una limitación a la tutela judicial no expresamente prevista en la ley[228].

Nótese, por otra parte, que las matizaciones introducidas por la propia jurisprudencia a la exigencia de que la cesión esté "viva" acaban planteando una suerte de trato desigual o de falta de equidad entre los trabajadores en función de si la finalización de su ocupación en la contrata, que pueda haber implicado una cesión ilegal, se produce o no por extinción del contrato de trabajo[229]. La comunicación de esa extinción concede un tiempo de reacción —los 20 días de caducidad de la acción de despido— para reclamar y ejercer el derecho de *"fijeza electiva"* con eventuales efectos sobre el despido, que no se le reconoce a quienes se les comunica su recolocación en otra contrata o el paso a un periodo de inactividad, aunque tal vez no demasiado tiempo después pueden ver también extinguida la relación laboral con la cedente. Y tras la reforma laboral de 2021, ello puede ser, en efecto, la pauta que afecte a un buen número de trabajadores ocupados por empresas que operen habitualmente como contratistas, habida cuenta de la, ya antes subrayada, reconducción de la actividad de tales empresas al régimen jurídico del contrato de trabajo fijo-discontinuo, contemplándose expresamente los periodos de inactividad en espera de recolocación entre contratas; período de inactividad que, *"en defecto de previsión convencional, será de tres meses. Una vez cumplido dicho plazo, la empre-*

---

el punto de vista de la tutela judicial efectiva, ASENJO PINILLA, J. L.: "Cesión ilegal y acción", Jurisdicción Social, N° 188, 2018, pág. 29 y ss.

228 STC 240/2021.

229 Cfr., en esta línea, ASENJO PINILLA, J. L., op. cit. pág. 31.

sa adoptará las medidas coyunturales o definitivas que procedan (...)" (arts. 16.2 y 4 ET), en referencia, se entiende, a los "ERTEs" o despidos individuales o colectivos por causas técnicas, organizativas o de producción[230].

Y también desde el punto de vista empresarial se pueden generar distorsiones relevantes como consecuencia de la reseñada doctrina jurisprudencial, en tanto que la misma alienta en cierto modo una suerte de reclamaciones tempranas ante la eventualidad y riesgo de una acción extemporánea por dejar el trabajador de estar ocupado en la contrata eventualmente encubridora de cesión ilegal, resultando que tales reclamaciones introducen restricciones o, cuando menos, dosis de incertidumbre en las posteriores decisiones extintivas de la relación laboral que pudiese adoptar la empresa, bien como consecuencia de las eventuales acciones y decisiones judiciales calificando la decisión extintiva como nula por vulneración de la garantía de indemnidad (véase *infra* 3.2.A); bien como consecuencia de la reciente doctrina jurisprudencial antes reseñada, de la que se colige que el despido, aunque no impugnado por el trabajador, no enerva la acción judicial de cesión ilegal ejercitando el derecho de opción a adquirir la condición de fijo si el trabajador presentó la papeleta de conciliación reclamando por cesión ilegal antes de que se produjese el despido[231].

Dicho lo anterior, tal vez la exigencia de subsistencia de la cesión que ha venido predicando la jurisprudencia tenga que ver con que la literalidad de ninguna de las reglas del año de prescripción *ex* art. 59 ET parece acomodarse del todo bien a la acción de fijeza derivada de la cesión ilegal[232], si bien en una interpretación finalista, considerando que la cesión ilegal constituye una prestación de servicios laborales que al menos respecto al cesionaria termina con la cesión, tal vez cabría entender que es en ese momen-

---

230 Cfr. GOERLICH PESET, J.M. (2022), op. cit., pág. 65.

231 STS 4-12-2024 (Rº 277/2022).

232 En esta línea, véanse las reflexiones de RODRÍGUEZ RAMOS, M. J. (1995), op. cit., pág. 163.

to cuando se produce el *dies a quo* del plazo de 1 año de prescripción de acuerdo con lo previsto en el art. 59.1.b ET[233]. En fin, dado lo problemático de la cuestión, quizá fuera necesaria una intervención del legislador con fines clarificadores, confirmando la existencia del requisito establecido por la jurisprudencia o dando pautas, en su caso, respecto a otro plazo para ejercer la acción, teniendo en cuenta, además, que son diversos los efectos asociados a la cesión ilegal *ex* arts. 43.3 y 4 ET.

3. CESIÓN ILEGAL Y CALIFICACIÓN Y EFECTOS DEL DESPIDO

3.1. Cesión ilegal y despido improcedente. La integración de sus respectivos efectos

La declaración judicial constatando la existencia de cesión ilegal comportará, al menos en determinados casos de despido individual, el carácter injustificado de la decisión extintiva. Así ocurriría, tomando como ejemplo el supuesto que parece que ha venido siendo más habitual en la práctica, cuando la extinción del contrato obedece esencialmente al fin de la contrata encubridora de la cesión ilegal, comunicando la empresa cedente al trabajador el fin del contrato temporal concertado o un despido objetivo *ex* art. 52 c) ET. De la jurisprudencia se desprende, en efecto, que en tal caso la calificación merecedora sería, en línea de principio, la de despido improcedente, sosteniéndose que la constatación de cesión ilegal no comporta automáticamente la nulidad del despido, pues, a la luz de las previsiones legales, no estamos ante un supuesto de los que se tipifican expresamente como determinantes de dicha nulidad. Y es que se entiende que la normativa establece una enumeración cerrada de las causas de nulidad, que no permite tal calificación aludiendo sin más al fraude

---

233 Cfr., en esta línea, ASENJO PINILLA, J. L., op. cit, pág. 34.

de ley del despido por concurrir una situación de cesión ilegal[234]. Se sigue, así, la doctrina jurisprudencial acerca de la superación del despido radicalmente nulo por fraude de ley, dada su no contemplación expresa en la normativa[235]. Ello sin perjuicio de que, obviamente, puedan darse otros supuestos y circunstancias que lleven a declarar tal nulidad del despido (véase *infra* 3.2).

Dicho esto, los efectos de la calificación del despido improcedente se ven, según una asentada doctrina jurisprudencial, modulados por el ejercicio por parte del trabajador de su derecho a adquirir la fijeza, a su elección, en la empresa cedente o cesionaria *ex* art. 43.4 ET. Se trataría de un derecho independiente y anterior a la facultad que el art. 56.1 ET concede al empresario a optar entre la readmisión del trabajador o la extinción del contrato de trabajo con el abono de la indemnización prevista para tal caso de improcedencia del despido. De suerte tal que será primero el trabajador el que elegirá respecto a cuál de las dos empresas ejerce su derecho de opción; y, una vez ejercitada dicha opción, corresponde al empresario por el que se hu-

---

234 Cfr., en la jurisprudencia reciente, STS 31-5-2017 (R° 3481/2015), con apoyo en pronunciamientos previos. Afirmando, asimismo, que la "*ilegalidad de la cesión no arrastra la nulidad del despido*", STS 22-1-2019 (R° 3701/2016).

235 En efecto, a mediados de la década de los noventa se produjo un cambio de doctrina jurisprudencial sobre el particular en virtud de una interpretación sistemática y finalista de las normas laborales —sustantivas y procesales— que aluden a la nulidad del despido, cerrando el paso a interpretaciones basadas en disposiciones generales del Código Civil. Al respecto, véase RIERA VAYREDA, C.: *El despido nulo,* Tirant lo Blanch, Valencia, 1999, pág. 116 y ss., 151 y ss. y 293. Entre las primeras sentencias que establecieron este cambio de doctrina se suele citar las STSS 2-11-1993 (R° 3669/1992) y 19-1-1994 (R° 3400/1992), esta última precisamente dictada en un supuesto en que se declaró concurrente una situación de cesión ilegal. En la jurisprudencia más reciente, sobre la superación de la citada tesis del despido nulo por fraude de ley, resulta bastante ilustrativa la STS 5-5-2015 (R° 2659/2014).

biera optado decidir si readmite o indemniza extinguiendo la relación[236].

Y, al hilo de lo anterior, en la jurisprudencia más reciente también encontramos supuestos en que se ha confirmado esta doctrina integradora de las diversas consecuencias legales derivadas de la cesión ilegal y de los efectos del despido improcedente, pues el hecho de que el trabajador tenga la facultad de optar por una empresa, siendo la empresa elegida la que acaba determinando los concretos efectos del despido, ello no exime a la otra empresa —ya sea la cesionaria o la cedente— de su responsabilidad solidaria respecto a tales efectos del despido, respondiendo solidariamente, bien de la indemnización en caso de que se opte la extinción contractual, bien de los salarios de tramitación en caso de decantarse por la readmisión[237]. Un entendimiento coherente en tanto que tales efectos del despido improcedente no dejan de ser *"obligaciones contraídas"* con el trabajador, en los términos del art. 43.3 ET, como consecuencia de la cesión prohibida de mano de obra.

Y congruente también con este esquema de integración de los efectos de la cesión ilegal y del despido injustificado resulta que se haya entendido que el derecho de opción ejercido por el trabajador también puede tener influencia en la determinación del salario a considerar a efectos de la indemnización o, en su caso, de los salarios de tramitación. La jurisprudencia reciente ha rechazado, en efecto, un criterio focalizado exclusivamente en el carácter constitutivo del despido, que había llevado a cierta doctrina judicial a sostener que el salario regulador a los efectos del despido improcedente sería el percibido en la empresa cedente y no el salario superior que el trabajador hubiera tenido derecho a podido percibir en la empresa cesionaria por la que se hubiera optado a raíz de la demanda y sentencia

---

[236] Cfr., entre otras, en la jurisprudencia reciente, SSTS 31-5-2017 (Rº 3481/2005); 20-4-2021 (Rº 2700/2018); 23-2-2022 (Rº 3248/2019)

[237] Cfr., entre otras, SSTS 15-10-2019 (Rº 1620/2017); 23-2-2022 (Rº 3248/2019); 27-4-2022 (Rº 247/2021).

dictada en el proceso sobre despido y cesión ilegal. Tal entendimiento quedaría desplazado por el ya apuntado carácter meramente declarativo que tiene la sentencia judicial que constata la existencia de cesión ilegal, que no crea una relación nueva, sino que confirma la que ya existía, pero deshaciendo los efectos de la propia cesión, por lo que sería ilógico darle validez a la misma a efectos retributivos y, por ende, para determinar el módulo salarial respecto a las consecuencias del despido improcedente[238].

3.2. Cesión ilegal y despido nulo

Como se apuntaba anteriormente, la existencia de cesión ilegal no constituye un supuesto de los que se tipifican expresamente como determinantes de la nulidad de la extinción del contrato de trabajo y, en consecuencia, para que proceda tal declaración será necesaria la concurrencia de algunos de sus supuestos contemplados a través de los arts. 51.1 y 6, 53.4 y 55.5 ET; y arts. 108.2, 122.2 y 124.11 y 13 LRJS.

A) La garantía de indemnidad

Pues bien, a este respecto, sin perjuicio de que en la práctica se puedan dar otros supuestos, en la jurisprudencia obrante ocupa un lugar destacado la cuestión de la eventual nulidad de aquella decisión extintiva que se pueda reputar una reacción empresarial ante la actuación del trabajador reclamando por la situación de cesión ilegal a la que se entiende sometido, vulnerándose así la garantía de indemnidad del trabajador que, conforme a una reiterada doctrina constitucional, forma parte del derecho fundamental a la tutela judicial efectiva *ex* art. 24 CE.

238 Cfr. SSTS 16-7-2020 (Rº 733/2018) y 13-10-2020 (Rº 801/2018).

Ciertamente, la doctrina del TC ha venido declarando la nulidad, por contrarias a dicho derecho fundamental, de aquellas decisiones extintivas de la relación laboral que se entienden reveladoras de una actitud de represalia ante las acciones judiciales —o incluso actos preparatorios previos (solicitud de conciliación pre-procesal) o reclamaciones o denuncias extrajudiciales (ante la propia empresa o, por ejemplo, ante la Inspección de Trabajo) que se puedan poner en relación con un eventual ejercicio de acciones judiciales o con su evitación— emprendidas por parte de los trabajadores[239]. Una tutela que actualmente encontraría incluso un refrendo expreso a nivel legal, como consecuencia de las referencias al derecho a la indemnidad de los trabajadores contenidas en la reciente Ley Orgánica 5/2004, del Derecho de Defensa (arts. 12.3 y Disp. Ad. 3).

Y conforme también a la doctrina constitucional, positivizada, asimismo, en la normativa procesal laboral (arts. 96 y 181.2 LRJS), si el trabajador aporta —auténtica carga probatoria— indicios fundados de que la decisión extintiva adoptada por la empresa guarda una conexión con la acción o reclamación emprendida, corresponderá al empresario probar una justificación razonable y objetiva de la decisión adoptada que permita considerarla completamente ajena al ejercicio del derecho fundamental por parte del trabajador[240]; lo que —nótese— no significa necesariamen-

---

239 Cfr., entre otras, SSTC 7/1993; 14/1993; 140/1999; 196/2000; 198/2001; 55/2004; 326/2005; 16/2006; 75/2010; 183/2015. Sobre la doctrina constitucional en torno a la garantía de indemnidad véase, entre otros, RODRÍGUEZ-PIÑERO Y BRAVO-FERRER, M.: "Tutela judicial efectiva, garantía de indemnidad y represalias empresariales", en (AAVV): *Derecho Vivo del Trabajo y Constitución. Estudios en homenaje al Profesor Doctor Fernando Suárez González*, La Ley, Madrid, 2004, pág. 645 y ss.; IGARTUA MIRO, M. T.: *La garantía de indemnidad en la doctrina social del Tribunal Constitucional*, Consejo Económico y Social, Madrid, 2008; FOLGOSO OLMO, A.: *La garantía de indemnidad*, BOE, Madrid, 2021.

240 Cfr., por ejemplo, en la última doctrina constitucional que entró a conocer sobre la garantía de indemnidad en el ámbito de las relaciones laborales, STC 183/2015.

te que la extinción contractual esté totalmente justificada, ni cumpla con todos los requisitos para ser procedente[241], no tratándose la protección de la garantía de indemnidad de uno de los supuestos a los que el legislador asocia expresamente la nulidad objetiva[242].

La aplicación de las pautas de la doctrina constitucional, relativa a la garantía de indemnidad, por parte de la jurisprudencia de los últimos años en casos relacionados con reclamaciones por cesión ilegal, se puede valorar, en términos generales, como razonable, sin perjuicio de poder advertirse alguna discrepancia de criterio en el seno del propio Tribunal Supremo.

De un lado, parece lógico que se haya declarado vulnerado el derecho fundamental, cuando existiendo una mayor o menor proximidad temporal entre la reclamación del trabajador y la decisión extintiva, ésta se pretendió justificar en la finalización de los trabajos para los que fue contratado el trabajador en el marco de una contrata, siendo, sin embargo, que resultó probado que tales trabajos siguieron desarrollándose y prestándose por otros trabajadores, sin que la empresa hubiera llevado a cabo simultáneamente el cese de ninguno de ellos[243]. Ciertamente, más allá de dificultad de valorar cuál es la conexión temporal requerida, entre el ejercicio de la acción o reclamación por parte del

---

241 En esta línea se expresó la STC 7/1993, pionera en la caracterización de las represalias laborales como atentatorias del derecho a la tutela judicial efectiva. Y en semejante sentido, la más reciente STC 183/2015 señaló que la prueba del empresario *"debe estar dirigida a demostrar que su decisión de naturaleza económica (en el presente caso con efectos extintivos) no queda ni intencional ni objetivamente asociada al factor protegido, se haya articulado o no correctamente en términos de legalidad ordinaria y con independencia por tanto de su calificación jurídica"*.

242 Cfr., en esta línea, en cuanto a la distribución de la carga de la prueba respecto a la garantía de la indemnidad y cuestiones conexas, sin perjuicio de los respectivos matices, IGARTUA MIRO, M. T., op. cit., pág. 112 y ss.; FOLGOSO OLMO, A., op. cit., pág. 115 y ss., y jurisprudencia constitucional y doctrina allí citada.

243 STS 6-3-2013 (R° 616/2012). Con una orientación similar, STS 21-1-2014 (R° 941/2013).

trabajador y la decisión empresarial, para poder hablar de un indicio de vulneración del derecho fundamental, un juicio en términos de comparación con la situación o lo decidido respecto a otros trabajadores parece idóneo y ha sido utilizado como criterio valorativo, tanto por la doctrina constitucional[244] como en general por los tribunales de justicia, a la hora de determinar la existencia o no de una vulneración de la garantía de indemnidad[245]. En esta línea, en otro caso relativo a una reclamación por cesión ilegal, el TS rechazó la contradicción entre una sentencia dictada por el propio TS y una sentencia de suplicación que declaró la inexistencia de vulneración de la garantía de indemnidad, considerándose que la empresa había acreditado la finalización de las encomiendas en que prestaba servicios el trabajador, habiendo sido cesado no sólo el trabajador reclamante, sino también el resto de los trabajadores que prestaban servicios en las misma[246]. Y coherente con lo señalado parece, asimismo, que el TS entendiese no concurrente la vulneración constitucional en un supuesto en que los órganos judiciales inferiores así lo habían también entendido, valorando, entre otros factores, la concurrencia de más trabajadores despedidos y la apariencia de causa seria para el despido, aunque el mismo fuera improcedente por motivos formales[247].

---

244 Cfr. las SSTC 196/2000, 197/200 y 199/2000, relativas precisamente a un supuesto en que varios trabajadores habían demandado por cesión ilegal, pretensión que fue estimada por la jurisprudencia, tras lo cual la empresa integró en su plantilla a los trabajadores cedidos, pero acto seguido decidió el cierre de todos los centros de trabajo en que se había venido desarrollando la actividad de los trabajadores objeto de la cesión. La doctrina constitucional rechazó que el despido como consecuencia de tal cierre constituyese una vulneración de la garantía de indemnidad, aludiendo, entre otros razonamientos, a que la medida había afectado de forma generalizada y no limitada a los trabajadores que habían reclamado. Este mismo criterio ha sido utilizado en ocasiones para incluso inadmitir a trámite el recurso de amparo presentado. Cfr. ATC 215/2015.

245 Cfr. FOLGOSO OLMO, A., op. cit., pág. 351 y ss.

246 STS 31-5-2017 (Rº 3481/2015).

247 STS 22-1-2019 (Rº 3701/2016).

Con todo, una cierta ambivalencia de criterios se habría producido, como se apuntaba, respecto a otra cuestión que incide a la hora de determinar si concurren indicios fundados de una represalia empresarial y/o —según se mire— razones que expliquen que la decisión empresarial es ajena a la reclamación emprendida por el trabajador. A este respecto, la última orientación del TS parece que sería la reflejada en un asunto en que se consideró probado que la trabajadora conocía, con antelación a su reclamación por cesión ilegal, que en breve finalizaba la concesión administrativa en la que estaba ocupada, siendo negada expresamente su renovación por parte de la Administración comitente y considerándose, por tanto, que era esa causa ajena a la empresa contratista lo que le llevó a ésta a comunicar a la trabajadora la extinción contractual. Para el Alto Tribunal, resultó, en efecto, un dato decisivo que la trabajadora conociera la finalización de la contrata a la que se había vinculado su contratación a efectos de considerar desvirtuado o contrarrestado el indicio favorable —la reclamación por cesión ilegal— a la vulneración de su garantía a la indemnidad[248]. El citado pronunciamiento se acompañó, sin embargo, de un voto particular firmado por cuatro Magistrados, que, entre otras cosas, discrepaba de que se pudiera dar como probado que la trabajadora reclamante conociese la finalización de la contrata en el momento de reclamar por cesión ilegal y que, en todo caso, consideraba que la solución adoptada por la mayoría se estaría apartando de la jurisprudencia previa, incluyendo una sentencia dictada poco tiempo antes[249], en el sentido de que no puede admitirse una argumentación que niegue sin más la vulneración de la garantía de indemnidad por el hecho de que el trabajador conociese el momento en que iba a finalizar su contrato, cuando hay indicios suficientes para producir el desplazamiento a la empresa de la carga probar que el cese se produjo por motivos ajenos a un móvil atentato-

---

[248] STS 26-10-2016 (Rº 2913/2014)

[249] STS 24-2-2016 (Rº 1097/2014), con cita de otras precedentes.

rio, no siendo suficiente con afirmar dicho conocimiento por parte del trabajador para acreditar la razonabilidad y proporcionalidad de la medida desde el punto de vista del respeto a tales derechos fundamentales.

La cuestión se antoja, sin duda, compleja y seguramente esté llena de matices a valorar en función de las circunstancias concurrentes en cada caso concreto, pero, desde una perspectiva general, no resulta, a mi juicio, fuera de lugar el cambio de orientación producido en la jurisprudencia y que parece haberse mantenido posteriormente[250]. No parece, por otra parte, que la doctrina constitucional haya abordado la cuestión de forma expresa y elaborada, aunque en alguna ocasión inadmitió a trámite un recurso de amparo que versaba sobre una eventual vulneración de la garantía de la indemnidad derivada de una reclamación que se presentó cuando los trabajadores ya tenían conocimiento de que la empleadora había decidido concluir la relación que les unía[251]. Y aunque es cierto que de la doctrina constitucional se desprende una insistencia en la importancia de la modulación de la carga de la prueba, con una postura bastante restrictiva a la hora de liberar al empresario de aportar una justificación de la decisión empresarial, parece que ello se hace mayormente desde la perspectiva de la necesidad de hacer llegar al juez a la convicción que tal decisión se hubiera producido verosímilmente en cualquier caso y al margen de un propósito vulnerador de derechos fundamentales. En esta línea, se ha apuntado que, en este ámbito de la garantía de la indemnidad, la modulación de la carga de la prueba opera más como la búsqueda de qué hay detrás de ciertas decisiones empresariales tomadas bajo una cobertura for-

---

[250] Son varios los pronunciamientos bastante recientes que han entendido que el dato indiciario derivado de la reclamación interpuesta quedaría desvirtuado cuando la conducta empresarial no fue distinta de la previsible y probable con independencia de la reclamación efectuada previamente por la parte trabajadora. Cfr., entre otras, SSTS 3-3-2020 (Rº 61/2018); 19-5-2020 (Rº 4496/2017); 16-7-2020 (Rº 1921/2018); 27-10-2021 (Rº 3493/2018).

[251] ATC 215/2015.

mal, que no en un análisis de la razonabilidad y proporcionalidad de la medida empresarial[252]. Por tanto, desde este prisma, no parece inoportuno que judicialmente se considere relevante el dato de que el trabajador en el momento de promover la reclamación podía prever con cierta fiabilidad la decisión empresarial que se iba adoptar, pues obviarlo, no sólo podría una suponer quiebra en la "*relación directa*" o "*nexo causal*" que, según se infiere, asimismo, de la doctrina constitucional, debe concurrir entre el ejercicio del derecho por parte del trabajador y la decisión empresarial[253], sino que, en la línea de lo señalado por la jurisprudencia antes citada, podría contribuir a una banalización del derecho fundamental en cuestión, dando pie a situaciones de blindaje automático e injustificado como consecuencia de permitir que la parte trabajadora, por un simple acto de su voluntad y conociendo de antemano lo que puede ocurrir con su relación laboral, preconstituya un motivo de nulidad de la subsiguiente extinción contractual[254].

Por lo demás, tal y como se infiere de jurisprudencia ya citada, descartada la conexión entre la reclamación por cesión ilegal y la extinción contractual, ésta merecerá la calificación de procedente o improcedente que en cada caso corresponda, pudiendo originarse la improcedencia por la concurrencia de una cesión de mano de obra prohibida[255] o porque, aun no acreditada la cesión, la decisión extintiva se haya considerado no ajustada a las causas y/o requisitos formales previstos legalmente. Por consiguiente, sería la vulneración del derecho fundamental lo que provocaría la nulidad de la extinción, con independencia de que quede

---

252 Cfr. RODRÍGUEZ PINERO BRAVO-FERRER, M., op. cit., p. 660.

253 Cfr. SSTC 40/1999 y 6/2011.

254 Cfr. STS 26-10-2016 (Rº 2913/2014). En esta línea, en la doctrina también hay quien ha apuntado que una perspectiva focalizada excesivamente en otorgar valor de indicio a la simple reclamación efectuada por el trabajador, lo puede convertir en un "*ultraprivilegiado*". Cfr. IGARTUA MIRÓ, M. T., op. cit., pág. 149.

255 Cfr. los supuestos resueltos por las SSTS 26-10-2016 (Rº 2913/2014); 31-5-2017 (Rº 3481/2015) y 22-1-2019 (Rº 3701/2016).

acreditada o no una situación de cesión ilegal. Pero si concurre tal cesión ilegal se producirá una integración de sus efectos con los de la nulidad del despido, con responsabilidad solidaria de las empresa cedente y cesionaria (véase *infra* 3.2.C). En cambio, si no se aprecia judicialmente la existencia de una cesión ilegal, la responsabilidad por despido nulo sería predicable exclusivamente de la empresa que contrató al trabajador y que ante una reclamación por cesión ilegal reaccionó vulnerando su garantía de indemnidad.

Ahora bien, dicho lo anterior, no se puede dejar de hacer mención a la singular y polémica doctrina sentada en varias resoluciones por el TC en el denominado asunto Samoa[256]. En síntesis, en tales sentencias, el TC abordó el supuesto del despido de un grupo de trabajadores de una empresa contratista que previamente habían llevado a cabo una serie reivindicaciones laborales, incluyendo una huelga exigiendo una equiparación de condiciones con los trabajadores de la principal y una denuncia ante la Inspección de Trabajo invocando la existencia de cesión ilegal de trabajadores; cuestión esta última que, sin embargo, fue rechazada por los tribunales de justicia, declarando la licitud de la contrata. Ello no obstante, el TC entendió que los acontecimientos estuvieron en la base del motivo que llevó a la empresa principal a comunicar a la contratista la rescisión de la contrata por disminución de la competitividad —ya previamente había rescindido parte de la contrata en respuesta a un incremento de tarifas instada por la contratista— y, como consecuencia de ello, a la extinción de los contratos de trabajo entre la contratista y los trabajadores —nótese que la finalización del contrato mercantil figuraba como causa de rescisión en tales contratos de trabajo—. A pesar de que la propia doctrina constitucional descartó que la decisiones extintivas se produjesen en el marco de una actuación de connivencia entre la empresa principal y la contratista, cuya decisión había sido, además, considera-

[256] STC 75/2010, cuya doctrina es reiterada para el mismo asunto en la STC 76/2010 y en las consecutivas SSTC 98/2010 a 112/2010.

da por la jurisdicción ordinaria como procedente por considerarse existente una justificación objetiva y razonable de la extinción contractual —esto es, la propia rescisión de la contrata por la principal, que neutralizaba el indicio relativo a una conexión entre las reclamaciones de los trabajadores y la decisión extintiva—; y a pesar, asimismo, de reconocer el TC que, no concurriendo cesión ilegal, no hay previsión legal alguna que determine la responsabilidad solidaria de las empresas respecto a las consecuencias de dicha decisión extintiva —aludiéndose particularmente al distinto alcance del 42 ET relativo a las garantías en las contratas lícitas—, se acabó concluyendo la nulidad del despido por contrario a los derechos fundamentales de los trabajadores, haciendo, además, responsables solidarias de sus efectos a ambas empresas.

A tal efecto, el núcleo de la argumentación del TC descansó en una suerte de extensión, ya no indirecta sino incluso meramente refleja[257], de la garantía de indemnidad y otros derechos fundamentales de los trabajadores en el marco de la descentralización productiva, considerándose que: "*Si a través de la técnica de la subcontratación se posibilita que trabajadores externos contratados por una empresa contratista se vinculen directamente a la actividad productiva de una empresa principal e, incluso, que la propia duración de su contrato de trabajo se haga depender directamente de la vigencia del contrato mercantil que vincula a ambas empresas, determinando, en virtud de todo ello, que la efectividad de los derechos de los trabajadores pueda verse afectada no sólo por la actuación del contratista sino también por la del empresario principal, del mismo modo habrá de salvaguardarse que en el ámbito de esas actuaciones los derechos fundamentales de los trabajadores no sean vulnerados. Pues no sería admisible que en los procesos de descentralización productiva los trabajadores carecieran de los instrumentos de garantía y tutela*

[257] Cfr. PERROTE ESCARTÍN, I. y MERCADER UGUINA, J. R.: "La extensión refleja de la garantía de indemnidad a los trabajadores de contratas y subcontratas por actos de la empresa principal: los ecos del asunto "Samoa"", Justicia laboral, Nº 44, 2010, pág. 5.

de sus derechos fundamentales con que cuentan en los supuestos de actividad no descentralizada, ante actuaciones empresariales lesivas de los mismos"[258]. Dicho esto, el propio TC admitió que no cabe desconocer las dificultades que puede entrañar la ejecución por la empresa contratista de la obligación de readmitir a los trabajadores a puestos de trabajo inexistentes como consecuencia de la decisión de la principal de finalizar la contrata —dificultades que, al menos jurídicamente, no se darían en caso de haber existido cesión ilegal—, mas acabó remitiéndose sin más al Juzgado de lo Social competente a efectos de determinar si la efectiva readmisión resultaba posible y, de no serlo, determinar la indemnización que procediera abonar entonces a los mismos, así como los salarios de tramitación, haciendo responsables solidarias a ambas empresas concernidas.

A mi modo de ver, en la línea de los diversos y rotundos votos particulares discrepantes formulados —tres votos particulares de cinco Magistrados— frente a la doctrina emanada por la posición mayoritaria, la misma resulta criticable desde varios de puntos de vista. Junto con las extralimitaciones en las funciones encomendadas a la jurisdicción constitucional en que se habría podido incurrir, por ejemplo, a la hora de valorar la prueba practicada por la jurisdicción ordinaria o al dar una solución de corte legislativo al conflicto planteado, destaca, a mi juicio, que de modo algo apriorístico se entendiese concurrente una conducta que evidenciara un atentando a la garantía de indemnidad de los trabajadores —esto es, la ya aludida necesidad de una relación directa o nexo causal entre la denuncia de los trabajadores y la decisión empresarial perjudicial para sus intereses, en los términos que se deduce de la propia doctrina constitucional— y que, en todo caso, sin haberse declarado la existencia de cesión ilegal y sin cimiento en ninguna norma, e incluso en contra de lo deducible de la regulación laboral de los supuestos lícitos de subcontratación y en general de los principios jurídicos relativos a la

258 STC 75/2010.

responsabilidad individual, se concluyese una responsabilidad solidaria de la principal y contratista respecto a los efectos del despido nulo[259]. Asimismo, resultaría criticable la zona de incertidumbre en que se dejó la cuestión relativa a la ejecución de una decisión judicial de este tipo y, por tanto, de sus efectos y alcance para los trabajadores y respecto a cada una de las empresas declaradas responsables solidarias[260].

La posterior jurisprudencia del TS no parece que se haya tenido que enfrentar a asuntos en que, por lo que se refiere específicamente a reclamaciones por cesión ilegal y la eventual vulneración de la garantía de indemnidad *ex* art. 24 CE, estuvieran presentes planteamientos en la línea de la doctrina constitucional en el reseñado asunto Samoa. Ni tampoco el Alto Tribunal parece haber introducido dicho enfoque en los supuestos que ha tenido que resolver al respecto, seguramente, en buena medida, porque, como se deduce de sentencias antes citadas, la jurisprudencia, sin apartarse, a mi juicio, de la orientaciones establecidas por la doctrina constitucional relativa a la garantía de indemni-

---

259 Particularmente expresivo en este sentido resulta el voto particular formulado por el Magistrado Conde Martín de Hijas a la STC 75/2010. En la doctrina, en la misma línea, juzgando que esta doctrina constitucional mezcla indebidamente las posiciones jurídicas de las diversas empresas, declarando unas responsabilidades poco respetuosas desde el punto de vista de la libertad de empresa *ex* art. 38 CE, MONTOYA MELGAR, A.: "Contratas, derechos fundamentales y "desbordamiento" de la jurisdicción constitucional", Revista Española de Derecho del Trabajo, Nº 149, 2011, pág. 211 y ss. Considerando también particularmente relevantes las consideraciones del citado voto particular, PERROTE ESCARTÍN, I. y MERCADER UGUINA, J. R., op. cit, pág. 9. Para consideraciones más favorables a la doctrina sentada por el TC, véase, entre otros, BASTERRA HERNÁNDEZ, M.: "El derecho a la huelga y la garantía de indemnidad del trabajador frente a la empresa principal de una contrata: entre el Tribunal Constitucional y la anomia", Revista Internacional y Comparada de Relaciones Laborales y Derecho del Empleo, Nº 2, 2018, pág. 205 y ss.; ESTEVE SEGARRA, A. (2019), op. cit., pág. 39 y ss.; FOLGOSO OLMO, A., op. cit., pág. 191 y ss.

260 De nuevo, resulta expresivo al respecto el voto particular formulado por el Magistrado Conde Martín de Hijas a la STC 75/2010.

dad, se decanta por un mayor rigor a la hora de determinar si concurre la necesaria conexión entre las reclamaciones por cesión ilegal y las decisiones extintivas del contrato de trabajo en estos contextos, además, particularmente complejos en los que intervienen las decisiones de diferentes sujetos.

B) Cesión ilegal y nulidad del despido colectivo

Sin perjuicio de las cuestiones que pueden plantearse acerca de la adecuación del objeto de los procesos judiciales de naturaleza colectiva para invocar la tutela judicial frente a la cesión ilegal[261], desde el punto de vista del ejercicio de la acción ya se ha dicho que la jurisprudencia ha reconocido en general la posibilidad de tal invocación en los procesos de despido, incluyendo también el procedimiento especial de impugnación de despido colectivo *ex* art. 124 LRJS, en tanto que la conexión entre la cesión ilegal que pudiera existir con carácter previo y el despido colectivo posterior se convierte en una cuestión previa que justifica un tratamiento procesal conjunto, no tratándose en puridad de una acumulación de acciones[262]. Aunque incluso desde este punto vista podría entenderse como algo autorizado por el art. 25.3 LRJS al concurrir un nexo de conexión entre las causas de pedir[263].

Pero, dicho esto, otra cuestión que cabe plantearse es la incidencia que la constatación judicial de una cesión ilegal tiene en la calificación del despido colectivo; particularmente, si el mismo puede ser declarado como nulo incluso

---

261 Véase *supra* 2.1.

262 Cfr., en esta línea, STS 20-5-2015 (Rº 179/2004). Véase también STS 19-5-2022 (Rº 320/2021).

263 Cfr., entre otras, STSS 12-7-2017 (Rº 20/2017) y 29-11-2022 (Rº 119/2022), que señalan las diferencias que se producen a estos efectos entre una presunta cesión ilegal que va seguida de un despido colectivo y el despido colectivo que va seguido de una eventual sucesión empresarial a efectos laborales.

cuando ha sido correctamente tramitado, cuando menos desde un punto de vista formal, por la empresa cedente. Lo es cierto es que no parece —s.e.u.o.— que la cuestión concreta que se quiere subrayar haya dado lugar a específicos motivos de impugnación y, por ende, de argumentación en el seno de la jurisprudencia, al menos en sentencias relativamente recientes[264]. Quizá ello se debe en parte a que, a diferencia de lo que ocurre a la luz de la regulación de la calificación de los despidos individuales, el acarreamiento de la nulidad resulta de difícil cuestionamiento en caso de despidos colectivos, tal y como se infiere del criterio mantenido en la doctrina judicial[265].

En efecto, aun admitiendo que la cesión ilegal no puede reputarse causa automática de nulidad por fraude de ley en el sentido razonado la jurisprudencia en caso de despido individual[266], la concreta ordenación de las causas de nulidad en sede de despidos colectivos y una interpretación de las mismas coherente con la relevancia sustantiva y no meramente formal que tienen sus requisitos negociales, infor-

---

264 En la STS 19-5-2022 (Rº 320/2021) se confirma la apreciación de cesión ilegal de trabajadores y la declaración de nulidad del despido declarada por la sentencia recurrida, pero el motivo no parece que fuese en sí la cesión ilegal sino la existencia de terminaciones contractuales que superaron los umbrales del artículo 51 ET, sin haberse activado el procedimiento previsto al efecto. Por su parte, en la STS 20-5-2015 (Rº 179/2004), se confirmó la existencia de cesión ilegal apreciada por la sentencia recurrida y se confirmó el fallo de ésta declarando no ajustado a derecho el despido colectivo, pues se entendió que el motivo de recurso invocaba de forma confusa y defectuosa la nulidad.

265 Cfr., entre otras, SSTSJ Cataluña 19-6-2013 (Rº 10/2013) y 12-3-2014 (Rº 66/2013); STSJ Comunidad Valenciana 29-12-2016 (Rº 17/2016); STSJ País Vasco 21-11-2023 (Rº 1413/2023); SJS Nº 7 Murcia, 5-10-2018 (St. 320/2018).

266 Véase *supra* 3.1. La STS 31-5-2017 (Rº 3481/2015), descartando la nulidad automática por cesión ilegal, contiene una precisión que parece querer circunscribir sus consideraciones al despido individual, cuando señala que en este este caso la nulidad sólo cabe, a la luz de la normativa vigente, ante "*móvil vulnerador de derechos fundamentales; embarazo; y suspensión del contrato por causas ligadas a la maternidad*".

mativos y documentales, llevan a concluir tal nulidad, toda vez que el procedimiento de despido colectivo tramitado por —y tomando como referencia— la empresa cedente, sin la participación y sin considerar la realidad de la empresa cesionaria —a la sazón, empresario real de los trabajadores— difícilmente permite considerar como cumplido el período de consultas, ni entregada la documentación prevista en el artículo 51.2 ET, concurriendo, por tanto, unos de los supuestos que la legislación procesal prevé expresa y taxativamente como determinantes de una declaración judicial de nulidad de estos despidos (art. 124.11 y 13 LRJS). Como apunta alguna doctrina judicial que ha declarado la nulidad en estos casos[267], se trataría del mismo entendimiento seguido por la jurisprudencia para los supuestos en que se aprecia la existencia de un grupo de empresas a efectos laborales, provocando que la empresa que llevó a cabo el despido colectivo, "*pese a su apariencia formal, no era el empresario real y por lo tanto el período de consultas (artículo 51.2 ET) no podía ser llevado a cabo por esa empresa aparente. Si el período de consultas no se realiza con el empresario real, la conclusión no puede ser otra que la nulidad del despido colectivo conforme se deriva del artículo 124 de la LRJS*"[268].

Con todo, y guardando lógica con el razonamiento señalado, tal vez no resulte descabellado pensar que en estos casos la empresa cesionaria pudiera oponerse a la calificación de nulidad esgrimiendo que, aunque se declare la cesión ilegal y se le considere la verdadera empleadora, dadas las dimensiones de su plantilla y el número de extinciones contractuales computables, no hubiera resultado necesario

---

267 STSJ Comunidad Valenciana 29-12-2016 (Rº 17/2016).

268 STS 21-5-2015 (Rº 257/2014). En semejante línea, en materia de grupo de empresas y despido colectivo, STSS 20-3-2013 (Rº 81/2012); 18-2-2014 (Rª 42/2013) y 20-11-2014 (Rº 73/2014). Al respecto, en la doctrina, véase, entre otros, DESDENTADO DAROCA, E.: "El empresario complejo en la jurisprudencia reciente. En especial, los grupos de empresa", Revista del Ministerio de Trabajo, Migraciones y Seguridad Social, Nº 143, 2019, págs. 120 y 126.

tramitar un procedimiento de despido colectivo a la luz de lo previsto en el art. 51.1 ET[269].

C) Integración de efectos

Por lo demás, en los supuestos de despido nulo y concurrente una cesión ilegal de trabajadores, la integración de sus respectivos efectos conlleva un entendimiento parangonable al señalado anteriormente respecto al despido improcedente, aunque adaptado a dicha nulidad. En este caso, la obligación de readmisión es ineludible para la empresa elegida por el trabajador, pues lo contrario sería dejar sin efecto la nulidad y la decisión que la ley le otorga al trabajador en orden a permanecer como trabajador fijo en la empresa, cedente o cesionaria, a su elección. Ahora bien, el hecho de que la readmisión deba ser efectuada por quien ha decidido el trabajador en su opción de fijeza, no exonera a la otra empresa del resto de consecuencias económicas del despido nulo; esto es, el abono de los salarios de tramitación, de cuyo pago se mantiene la responsabilidad solidaria que establece el art. 43.3 ET[270], debiéndose entender lo mismo respecto a las posibles indemnizaciones que se puedan reconocer por vulneración de derechos fundamentales (art. 183 LRJS). Y en cuanto al salario regulador para determinar tales salarios de tramitación cabe, asimismo, remitirse a lo señalado antes respecto al despido improcedente[271].

---

269 Cfr., en esta línea, negando la existencia de despido colectivo en un supuesto en que se entendió concurrente una situación de cesión ilegal y, por tanto, que el cómputo a efectos del art. 51.1 ET debía hacerse en referencia a la empresa cesionaria y no a la cedente, STSJ Galicia 20-12-2012 (Rº. 4669/2012). En la misma línea, en *obiter dicta*, STSJ Andalucía 15-2-2017 (Rº 809/2016).

270 Cfr. STS 15-10-2019 (Rº 1620/2017)

271 Véase *supra* 3.1.

4. DERECHOS Y CONDICIONES DE TRABAJO EN CASO DE INTEGRACIÓN EN LA CESIONARIA

Como ya se señaló, el art. 43.4 ET no sólo reconoce el derecho de los trabajadores cedidos ilegalmente a optar por integrarse como trabajadores fijos en la empresa cesionaria, sino que prevé expresamente unas pautas sobre las condiciones de trabajo aplicables para el caso de tal integración, disponiendo que "*los derechos y obligaciones del trabajador en la empresa cesionaria serán los que correspondan en condiciones ordinarias a un trabajador que preste servicios en el mismo o equivalente puesto de trabajo, si bien la antigüedad se computará desde el inicio de la cesión ilegal*". Previsión cuyo alcance también ha dado lugar a ciertas cuestiones interpretativas de las que son testimonio algunos pronunciamientos jurisprudenciales relativamente recientes.

Al respecto, la jurisprudencia ha precisado que, a la hora de determinar las condiciones aplicables al trabajador tras su integración, lo importante no es tanto realizar una precisa clasificación profesional en la empresa cesionaria, sino cumplir con el mandato de equiparación que se desprende del art. 43 ET; lo que obliga a estar a las funciones que efectivamente ha venido desarrollando el trabajador y aplicarle unas condiciones que resulten coherentes con la clasificación aplicable en la empresa cesionaria, aunque el grupo o categoría a tomar como referencia fuese diferente o no existiese en la empresa cedente[272].

Con todo, en este terreno de las condiciones aplicables tras la incorporación en la empresa cesionaria, han sido otras las cuestiones que más han ocupado la labor de la jurisprudencia. Así, en varias ocasiones el TS ha tenido que responder negativamente al planteamiento de que, tras la adquisición de fijeza en la empresa cesionaria, el trabaja-

---

272 Cfr. STS 25-11-2011 (Rº 1043/2010)

dor tenga derecho a conservar a ciertas condiciones retributivas que se le venía aplicando en la empresa cedente, mejores a las que rigen en la empresa cesionaria. El criterio jurisprudencial se mueve en la línea de considerar que hay un mandato expreso del legislador que hace imposible alegar la existencia de derechos adquiridos o el principio de condición más beneficiosa respecto a esas condiciones que se venía disfrutando en la empresa cedente[273]. Se ha sostenido, en efecto, que "*si se ejercita la opción —como lo será normalmente— por la relación laboral real, esta opción despliega los efectos que le son propios y que son además los efectos naturales que se derivan de la eliminación de la interposición* (...)" y que "*está claro que los "efectos propios" de la relación de la actora con* (...) [la empresa cesionaria] *no podían ser otros sino los establecidos en el Convenio Colectivo aplicable, por cuanto que la previsión normativa sobre equiparación salarial —aparte de su inequivocidad— tiene el claro objetivo de proteger al trabajador afectado por el ilícito tráfico, no el de situarle privilegiadamente sobre sus compañeros en la empresa por la que se ha optado, consintiéndole una suerte de «espigueo» entre las condiciones laborales más beneficiosas* (...)"; amén de considerarse que la solución contraria podría ser opuesta a la doctrina de los actos propios y al principio de igualdad[274].

Hay quien ha objetado que esta doctrina jurisprudencial debería haber sido revisada para ser coherente con la tesis del propio TS sobre la "contractualización" de las condiciones previstas en convenio colectivo, extrayendo conclusiones de la misma para al conjunto del ordenamiento laboral, más allá de la concreta cuestión relativa al fin de la ultraactividad convencional[275]. Sin entrar en

---

[273] En este sentido se había pronunciado ya cierta doctrina. Cfr. RODRÍGUEZ RAMOS, M. J. (1995), op. cit., pág. 210.

[274] Cfr., entre las más recientes, con cita de otras anteriores, SSTS 17-3-2015 (R° 381/2014); 6-7-2012 (R° 2719/2011) y 25-1-2011 (R° 1219/2010).

[275] BELTRÁN DE HEREDIA RUIZ, I., refiriéndose a la tesis de la "contractualización" contenida en la STS 22-12-2014 (R° 264/2014), en: "Cesión ilegal y salario aplicable (y contractualización Convenio Co-

otras consideraciones relativas a los problemas de consistencia dogmática de dicha tesis, particularmente desde el punto de vista del sistema de fuentes del Derecho del Trabajo[276], que probablemente expliquen la falta de una mayor proyección de la misma, la objeción apuntada se puede rebatir haciendo simplemente notar que, en el caso del fin de la ultraactividad, la "contractualización" se construyó partiendo, según el TS, de la existencia de una laguna legal que había que colmar[277]; lo que si resultaba discutible en aquel caso, todavía lo parece igual o más en el presente, dado el tenor del art. 43.4 ET sobre las condiciones aplicables tras la integración en la empresa cesionaria, del que se infiere, en palabras del propio TS, su "*inequivocidad*"[278].

En otro orden de cuestiones, cabe entender actualmente consolidada la doctrina jurisprudencial que ha entendido que la integración en la empresa cesionaria no sólo produce efectos a partir de la declaración judicial constatando la existencia de cesión ilegal, sino también efectos *ex tunc*, toda vez que, como ya se apuntó, dicha declaración no tiene efectos constitutivos y, por tanto, a pesar de la ausencia de una referencia expresa en el art. 43 ET, resulta posible reclamar las diferencias económicas derivadas de la comparación entre el régimen aplicable a la empresa cedente y el de la empresa cesionaria mientras duró la cesión ilegal, generándose, además, respecto a tales diferencias una responsabilidad solidaria de ambas empresas de conformidad

---

lectivo) —STS 17 de marzo 2015 (rec. 381/2014)—", https://ignasibeltran.com/2015/05/03/cesion-ilegal-y-salario-aplicable-y-contractualizacion-convenio-colectivo-sts-17-de-marzo-2015-rec-3812014/.

276 Cfr., entre otros, MONREAL BRINGSVAERD, E.: *Vigencia ordinaria de los convenios colectivos, ultraactividad y contractualización judicial de sus condiciones de trabajo*, Tirant lo Blanch, Valencia, 2018, pág. 97 y ss. y doctrina allí citada.

277 La citada STS 22-12-2014 (Rº 264/2014) consideró que el caso planteado se trataba de "*colmar la laguna legal consistente en que el legislador no ha dicho absolutamente nada respecto de dicha situación que, desde luego, a nadie se le escapa que es verdaderamente problemática*"

278 Cfr., por todas, STS 17-3-2015 (Rº 381/2014).

con lo previsto en el art. 43.3 ET[279]. Es más, como se expuso más arriba[280], el derecho a las diferencias retributivas cabe considerarlo independiente al derecho de opción a integrarse en la empresa cesionaria y, por tanto, puede reclamarse judicialmente, aunque la cesión ilegal o incluso la relación laboral con cualquiera de las dos empresas, cedente o cesionaria, no esté vigente, sin perjuicio del límite derivado de las reglas sobre prescripción.

De hecho, otro argumento que vendría avalar que procede reclamar tales derechos económicos con independencia del ejercicio del derecho a integrarse en la empresa cesionaria queda patente en el criterio mantenido por la jurisprudencia acerca del plazo de prescripción para dicha reclamación, en supuestos tanto de integración como no en la empresa cesionaria. Partiendo, en efecto, del carácter declarativo de la resolución que establece la existencia de cesión ilegal, el *dies a quo,* del plazo de prescripción de un año *ex* art. 59.1 ET en orden reclamar tales diferencias, coincidirá con la fecha en que existente la cesión ilegal y a tenor del devengo de la obligación retributiva la misma se puedo reclamar. Por tanto, la prescripción se inicia antes de que judicialmente se declare la cesión ilegal y sin que, al mismo tiempo, la acción invocando dicha cesión tenga efectos interruptivos de la prescripción ya iniciada[281].

Por lo demás, en la jurisprudencia reciente se confirma el criterio mantenido reiteradamente acerca de que el derecho a adquirir la condición de fijo en la empresa cesionaria *ex* art. 43 ET debe necesariamente modularse en caso de que tal posición la ocupe una Administración Pública. En tal caso, para respetar los principios constitucionales de igualdad, mérito y capacidad en el acceso al

---

279 Cfr., entre las más recientes, SSTS 4-7-2013 (Rº 2637/2012) y 11-2-2014 (Rº 544/2013).

280 Véase *supra* 1 y 2.2.

281 Cfr., entre las más recientes, SSTS 26-11-2013 (Rº 2353/2012); 11-2-2014 (Rº 544/2013) y 26-2-2025 (Rº 133/2022).

empleo público (arts. 23 y 103 CE), el trabajador objeto de cesión ilegal se integrará en la Administración a través de la peculiar condición de personal "indefinido no fijo"[282], cuyas implicaciones exceden claramente del objeto de este estudio, sin perjuicio de dejar apuntado que tal personal verá extinguido su contrato en caso de que la Administración amortice la plaza o proceda a su cobertura de forma reglamentaria, siendo adjudicada a un tercero[283]. Dicha condición de "indefinido no fijo" resulta también predicable en caso de cesión ilegal en que la cesionaria no es estrictamente una Administración Pública, pero sí una entidad perteneciente al sector público, como es el caso de las "entidades públicas empresariales" y las "sociedades mercantiles estatales"[284].

5. LA INFRACCIÓN Y SANCIÓN ADMINISTRATIVA POR CESIÓN ILEGAL. EN PARTICULAR, SU DISCUTIBLE APLICACIÓN AL SUPUESTO DE PUESTA A DISPOSICIÓN IRREGULAR A TRAVÉS DE "ETT"

En coherencia con la prohibición contenida en el art. 43 ET y la notable repulsa que del conjunto de dicho precepto se infiere respecto a la cesión ilegal de trabajadores, la misma se viene tipificando como una infracción administrativa muy grave. Concretamente, el vigente art. 8.2 LISOS incluye entre las infracciones muy graves a la *"cesión de trabajadores en los términos prohibidos por la legisla-*

---

282 Entre las primeras sentencias en este sentido, STS 11-12-2002 (Rº 639/2002). Y en la jurisprudencia más reciente, véase, por ejemplo, STSS 8-2-2022 (Rº 5070/2018); 19-5-2022 (Rº 320/2021) y 11-1-2023 (Rº 907/2019),

283 Cfr. LÓPEZ BALAGUER, M. y RAMOS MORAGUES, F.: *El personal "indefinido no fijo"*, Tirant lo Blanch, Valencia, 2020, en particular, pág. 39.

284 Cfr. STS 11-1-2023 (Rº 907/2019),

ción vigente"; infracción sancionable con multas económicas que, actualmente, pueden ir desde de 7.501 a 225.018 euros (art. 40.1 c LISOS), en función de los criterios de graduación de la sanción que se consideren aplicables de entre los previstos también legalmente —vgr. cifra de negocio de las empresas, número de trabajadores afectados, perjuicio causado a los mismos— (art. 39.2 LISOS). Sin necesidad de que la norma lo determine expresamente, cabe entender que la infracción y respectiva sanción administrativa resulta aplicable a los dos sujetos activos que necesariamente intervienen en una cesión ilegal; esto es, cedente y cesionario[285].

Desde el punto de vista de la experiencia jurisprudencial de los últimos años, al margen de supuestos en que lo discutido se ceñía a la concurrencia de una situación de contrata lícita o de cesión ilegal sancionable raíz de procedimientos sancionadores promovidos por la Inspección de Trabajo y seguridad Social, destaca la doctrina jurisprudencial reflejada en varias sentencias, según la cual la citada infracción muy grave *ex* art. 8.2 LISOS sería aplicable no sólo al supuesto prototípico de la falsa contrata, sino también a los supuestos en que se constate una puesta a disposición irregular a través de "ETT"[286], confirmándose así el criterio de la Autoridad Laboral de exigir las responsabilidades administrativas asociadas a dicho precepto a la "ETT" y a la empresa usuaria y desautorizándose, en cambio, el criterio mantenido en suplicación considerando aplicable en tal caso las infracciones graves previstas en los arts. 18.2 c) y 19.2 b) LISOS, para "ETTs" y usuarias respectivamente; infracciones que se refieren a: "*Formalizar contratos de puesta a disposición para supuestos distintos de los previstos en el artículo*

285 Cfr. RODRÍGUEZ RAMOS, M. J. (1995), op. cit., pág. 169.

286 STS 2-12-2021 (Rº 4701/2018). Doctrina reiterada, respecto a la misma empresa usuaria y "ETT" en otros supuestos de muy parecidos perfiles, por las STSS 29-6-2022 (Rº 749/2019) y 23-4-2023 (Rº 2935/2020). Y aplicando también dicha doctrina en otro supuesto de puesta a disposición irregular a través de "ETT", STS 20-3-2024 (Rº 134/2022).

6.2 de la Ley 14/1994", que establece que podrán celebrarse tales contratos entre una ETT y una empresa usuaria *"en los mismos supuestos y bajo las mismas condiciones y requisitos en que la empresa usuaria podría celebrar un contrato de duración determinada conforme a lo dispuesto en el artículo 15 del Estatuto de los Trabajadores"*; es decir, estableciendo la necesidad de que la prestación de servicios de un trabajador contratado a través de ETT se ajuste a las causas de temporalidad que se prevén en la normativa general.

Para llegar a la solución apuntada, la reciente jurisprudencia trae a colación otra ya lejana doctrina jurisprudencial que entendió que, en la medida que la cesión de trabajadores sólo se permite a través de "ETTs" *"en los términos legalmente que legalmente establezcan"* (art. 43.1 ET), cuando en dicha cesión no se respeten las exigencias relativas a la contratación temporal, utilizándola para cubrir necesidades permanentes, se estarían quebrantando los términos legalmente establecidos y se incurriría, por tanto, en una cesión ilegal a la que le resultarían aplicables las garantías contractuales del 43 ET —responsabilidad solidaria y derecho de opción a integrase como fijo en la empresa cedente o cesionaria—, proyectándose las mismas sobre las responsabilidades derivadas de la extinción contractual injustificada[287]. Construcción jurisprudencial que la reciente doctrina unificada del TS considera extensible a efectos de responsabilidades administrativas, entendiendo que la represión de la conducta se ajusta mejor a los términos de la infracción muy grave *ex* art. 8.2 LISOS, que alude a la cesión prohibida sin excluir a las "ETTS"; y añadiendo el TS, para reforzar su postura, que de lo contrario la cesión ilícita de trabajadores ejecutada por una "ETT" quedaría "*reducida a falta grave, derivada de la utilización indebida de los contratos de puesta a disposición,* (y) *se produciría un efecto perverso, toda vez que, siendo las ETTs las únicas empresas autorizadas para la cesión de trabajadores, siempre que*

287 Cfr., entre otras, SSTS 4-7-2006 (R° 1077/2005); 29-9-2006 (R° 2691/2005); 3-11-2008 (R° 1697/2007); 19-2-2009 (R° 2691/2005).

se ajusten a la legalidad, tal y como dispone el art. 43.1 ET, podrían ceder ilícitamente a trabajadores, desbordando su papel legal de manera desmedida, con una penalización muy inferior al resto de empresas, lo que comportaría un trato desigual totalmente injustificado"[288].

A mi modo de ver, esta doctrina jurisprudencial resulta muy discutible. De entrada, nótese que la jurisprudencia en la que se apoya, relativa a las consecuencias en el plano contractual/laboral de la contratación temporal irregular a través de "ETT", además de partir de una lectura también discutible del art. 43.1 ET —pues su referencia a "*en los términos que legalmente se establezcan*" bien pudiera ir referida específicamente a la autorización exigida a las "ETTS" en el mismo precepto—, fue dictada con una clara finalidad de ampliar la tutela, en dicho plano contractual/laboral, de los trabajadores de "ETT" en un momento en que el marco regulador tan sólo establecía, a través del art. 16.3 de Ley 14/1994, una responsabilidad subsidiaria de la empresa usuaria en materia de obligaciones salariales y de Seguridad Social, que se convertía en solidaria en caso de que la contratación fuese irregular, mas sin contemplarse responsabilidad alguna de la empresa usuaria derivadas de la extinción contractual.

Fue posteriormente, a través de la reforma operada en 2010 (RD-ley 10/2020 y posterior la Ley 35/2010), que se modificó el citado art. 16.3, acogiéndose, podríamos decir parcialmente, la lectura jurisprudencial reseñada, en tanto que se añadió *"la indemnización económica derivada de la extinción del contrato de trabajo"* como concepto incluido dentro de la responsabilidad subsidiaria o solidaria de la empresa usuaria, más sin introducirse o hacerse referencia a ninguna otra equiparación entre la contratación irregular a través de "ETT" y la cesión ilegal, ni desde el punto de las responsabilidades contractuales, ni de las responsabilidades

[288] Cfr., por todas, STS 2-12-2021 (Rº 4701/2018).

administrativas[289]. Y en ello quizá haya influido el hecho de que la normativa europea en materia de "ETTs" (Directiva 2008/104) se halla huérfana de referencias a algún esquema de responsabilidad empresarial semejante al del art. 43 ET y no contiene ninguna previsión de la que inferir consecuencias equiparables a las que en nuestro marco normativo se extraen del derecho de los trabajadores cedidos ilegalmente a adquirir la condición de fijos en la empresa cesionaria.

Sea como fuere, a la vista de la evolución normativa, se ha llegado afirmar que probablemente el legislador nunca ha tenido la voluntad de considerar como cesión ilegal las contrataciones irregulares en que intervienen "ETT" válidamente constituidas[290]. Por ello, la aplicación de la infracción muy grave *ex* art. 8.2 LISOS cobra sentido en el caso de actuación como "ETT" sin contar con la inicial o renovada autorización[291]. Sin embargo, las exigencias derivadas de ciertos principios de impronta constitucional, tales como el principio de tipicidad, aplicables al ámbito del derecho administrativo sancionador[292], hacen muy difícil considerar correcta la postura sostenida por la actual jurisprudencia, aplicando dicha infracción muy grave a los

---

289 Cfr., en esta línea, subrayando la falta de correspondencia entre la solución que se desprendía de la citada jurisprudencia y la reforma de 2010, lo que pudiera deberse a una actitud consciente del legislador o a un desinterés por abordar la cuestión, GARCÍA RUBIO, M. A. y LÓPEZ BALAGUER, M.: "Prohibiciones en la celebración del contrato a puesta a disposición: su revisión tras RD-ley 10/2010", en (AAVV): *El empresario laboral. Estudios jurídicos en homenaje al Profesor Camps Ruiz con motivo de su jubilación*, Tirant lo Blanch, Valencia, 2010, pág. 343 y ss. En la misma línea, dentro de esa misma obra, ALTES TARREGA, J. A. y GARCÍA TESTAL, E.: "La cesión ilegal en el ámbito de las Empresas de Trabajo Temporal", pág. 305 y 306.

290 Cfr. ALTES TARREGA, J. A. y GARCÍA TESTAL, E., op. cit., pág. 301.

291 Cfr., por ejemplo, STS 13-10-2010 (Rº 27/2010).

292 En general sobre la aplicación de los principios constitucionales del Derecho Penal al Derecho administrativo sancionador, por todas, STC 18/198. Más específicamente, sobre el principio de tipicidad, entre otras, SSTC 77/1983; 29/1989; 242/2005; 162/2008.

supuestos de "ETTs" debidamente autorizadas que celebran y ejecutan con otras empresas contratos de puesta a disposición en supuestos no habilitados por el art. 15 ET en materia de contratos temporales (art. 6.2 Ley 11/1994), extrapolando al ámbito sancionador la construcción elaborada a efectos de la responsabilidad contractual[293]. Desde el punto de vista del derecho sancionador, el incumplimiento del citado precepto de la Ley 11/1994 tiene una clara y específica tipificación que debe ser respetada por la Administración a la hora de exigir responsabilidades. Y en este sentido, parece más fundamentado el criterio mantenido por el sector de la doctrina judicial desautorizado por la jurisprudencia, señalando aquella doctrina judicial que *"ha dicho el Tribunal Supremo en la referida sentencia que la responsabilidad derivada de la calificación del cese como despido improcedente... ha de atribuirse solidariamente a la citada ETT y a la empresa usuaria, en recta interpretación del art. 16.3 LETT y con aplicación del art. 43.2 del ET* (...). *Pero una cosa es esta responsabilidad solidaria frente a las obligaciones laborales cuando la empresa incumple lo dispuesto en los artículos 6 y 8 de LETT y otra cosa distinta es la sanción que se le puede imponer al amparo del RDL 5/2000. Las infracciones en materia de empresas de trabajo temporal y empresas usuarias tienen una regulación específica en los artículos 18 y siguientes del RDL 5/2000, que tipifica en su apartado 2.a) como infracción grave: «formalizar contratos de puesta a disposición para supuestos distintos de los previstos en el apartado 2 del artículo 6 de la ley por la que se regulan las empresas de trabajo temporal»* (...). *Por aplicación además del principio de especialidad, con arreglo al cual la ley especial deroga*

---

293 Ya antes de la actual doctrina jurisprudencial, aunque se consideraba que por vía interpretativa quizá cabía tal extrapolación, aplicando la infracción *ex* art. 8.2 LISOS en detrimento de los arts. 18 y 19 LISOS, se consideraba que ello no se compadecería bien con el principio de tipicidad y con la necesaria seguridad jurídica de las empresas implicadas, GARCÍA RUBIO, M. A. y LÓPEZ BALAGUER, M., op. cit., pág. 348.

a la ley general, es dicho artículo 18 el que resulta aplicable y no el genérico artículo 8"[294].

Con todo, teniendo en cuentas los perfiles fácticos de los supuestos en que se ha dictado la doctrina jurisprudencial que se viene comentando y a la luz de alguna consideración vertida en la misma, tal vez podría pensarse que la aplicación de la infracción muy grave por cesión ilegal *ex* art. 8.2 LISOS quedaría circunscrita sólo a ciertos supuestos de contratación irregular a través de ETT. Nótese que los casos en que se ha dictado tal jurisprudencia se había constatado la contratación irregular de un número muy significativo de trabajadores —más de 40, 70 o incluso en otro caso más de 160— y durante un largo periodo de tiempo —en torno a tres años—, superando con mucho los límites temporales de la contratación temporal y, por tanto, concluyéndose "*que el objeto real del contrato fue la cobertura de la organización estructural u ordinaria de la empresa usuaria*"; lo que, en opinión del TS, provoca que la conducta sancionada no sea la simple utilización indebida de contratos de puesta a disposición para supuestos distintos a los permitidos, sino una conducta que *"desbordó radicalmente los límites establecidos en el art. 6.2 de la Ley 14/1994"*[295]. Es decir, supuestos que cabría calificar de manifiesto y muy grave fraude en la contratación temporal, si bien para poder precisar mejor en qué medida se quisieron establecer diferencias entre diferentes supuestos de contratación irregular a través de "ETT" a efectos de responsabilidades administrativas, seguramente hubiera sido necesaria una mayor profundización por parte del Tribunal en orden a orientar mejor a la Administración laboral y al resto de operadores jurídicos.

---

[294] STSJ Cataluña 23-11-2018 (Rº 4877/2018. En la misma línea, STSJ Andalucía 31-10-2018 (Rº 836/2018); STSJ Murcia 23-1-2019 (Rº 1109/2017).

[295] Cfr., por todas, STS 2-12-2021 (Rº 4701/2018).

Por lo demás, el argumento manejado por el TS acerca de que, si en los casos analizados no se aplicase la infracción administrativa muy grave por cesión ilegal y se aplicase una infracción simplemente grave, se produciría una penalización inferior que al resto de empresas, no es un solo un argumento discutible, sino que, en cierta medida, puede haber quedado superado por recientes cambios introducidos en el marco normativo sancionador en el orden social. En el primer sentido, el argumento resulta cuestionable en tanto que tratándose de un supuesto en que interviene una "ETT" debidamente autorizada, la infracción a imponer a la misma y a la empresa usuaria con la que, a mi juicio, mejor se compara es la prevista también con carácter grave, relativa a la transgresión de la normativa sobre contratos de duración determinada, mediante su utilización en fraude de ley o respecto a personas, finalidades, supuestos y límites temporales distintos de los previstos normativamente (art. 7.2 LISOS).

Y, en el segundo sentido apuntado, resulta que la reforma laboral de 2021 modificó el régimen tanto de estas infracciones generales en materia de contratación temporal, como de las específicas sobre contratos de puesta a disposición en supuestos no permitidos (arts. 18.2.c y 19.2.b LISOS), previéndose que en todos estos supuestos se considerará cometida una infracción por cada trabajador que se hubiera visto afectado, con el evidente objetivo de agravar las consecuencias económicas derivadas de las sanciones a imponer. Esta última reforma vendría a corroborar que no hay una voluntad del legislador en equiparar el régimen de responsabilidades de la cesión ilegal y el de la contratación irregular a través de "ETT" autorizada, confirmándose la aplicación del principio de especialidad y quedando en el alero el argumento manejado por doctrina jurisprudencial, toda vez que tras la reforma, en determinados casos, como podrían ser los que dieron lugar a tal doctrina jurisprudencial, la sanción económica a imponer sería bastante superior aplicando el citado régimen especial de sanciones previsto para las "ETTs" y empresarias usuarias, que aplicando las sanciones asociadas a la infracción muy grave en materia de cesión ilegal *ex* art. 8.2 LISOS[296].

---

296 Cfr., en esta línea, GARCÍA MURCIA, J. y RODRÍGUEZ CARDO, I. A.: "Régimen sancionador. Perspectiva de conjunto", en (AAVV): *La reforma laboral de 2021: estudio crítico de su régimen jurídico,* Laborum, Murcia, 2022, pág. 582 y 583; PÉREZ AGULLA, S.: "Novedades en el ámbito de la infracciones y sanciones administrativas en el orden social", en (AAVV): *Interpretación, aplicación y desarrollo de la última reforma laboral,* La Ley, Madrid, 2022, pág. 433 y 434; DE LA PUEBLA PINILLA, A., op. cit., pág. 12 y 13.

Bibliografía

ALTES TARREGA, J. A. y GARCÍA TESTAL, E.: "La cesión ilegal en el ámbito de las Empresas de Trabajo Temporal", en (AAVV): *El empresario laboral. Estudios jurídicos en homenaje al Profesor Camps Ruiz con motivo de su jubilación,* Tirant lo Blanch, Valencia, 2010.

ARENAS VIRUEZ, M.: "El impacto de la aplicación de la normativa laboral sobre el sistema de franquicias: un balance judicial", Trabajo y Derecho, Nº 49, 2019.

ASENJO PINILLA, J. L.: "Cesión ilegal y acción", Jurisdicción Social, Nº 188, 2018.

BASTERRA HERNANDEZ, M.: "La ejecución de la sentencia firme de cesión ilegal una vez se ha extinguido la relación laboral", en (AAVV): *Descentralización productiva y transformación del Derecho del Trabajo,* Tirant lo Blanch, Valencia, 2018.

— "El derecho a la huelga y la garantía de indemnidad del trabajador frente a la empresa principal de una contrata: entre el Tribunal Constitucional y la anomia", Revista Internacional y Comparada de Relaciones Laborales y Derecho del Empleo, Nº 2, 2018.

BELTRÁN DE HEREDIA RUIZ, I.: "Cesión ilegal y salario aplicable (y contractualización Convenio Colectivo) - STS 17 de marzo 2015 (rec. 381/2014)", https://ignasibeltran.com/2015/05/03/cesion-ilegal-y-salario-aplicable-y-contractualizacion-convenio-colectivo-sts-17-de-marzo-2015-rec-3812014/.

— "Contratas intensivas de mano de obra y la (alargada) sombra de la cesión ilegal", en (AAVV): *Desafíos emergentes de la descentralización productiva laboral,* Tirant lo Blanch, 2024.

— "Los trabajadores de una empresa contratista pueden reclamar las condiciones laborales de la principal si está bajo su poder de dirección y control (STJUE 24/10/24):https://ignasibeltran.com/2024/10/25/los-trabajadores-de-una-empresa-contratista-pueden-reclamar-las-condiciones-laborales-de-la-principal-si-estan-bajo-su-poder-de-direccion-y-control-stjue-24-10-24/

— "Reacciones al caso Omnitel: primeras contratas equiparables a ETT (STSJ Madrid 4/12/24)" https://ignasibeltran.

com/2024/12/13/reacciones-al-caso-omnitel-primeras-contratas-equiparables-a-ett-stsj-madrid-4-12-24/.

BLASCO PELLICER, A.: "El tratamiento de las contratas y subcontratas en la jurisprudencia reciente", Trabajo y Empresa, Nº 1, 2022.

BLAT GIMENO, B.: "El marco socioeconómico de la descentralización productiva", (AAVV): *Descentralización productiva y protección del trabajo en contratas. Estudios en recuerdo de Francisco Blat Gimeno,* Tirant lo Blanch, Valencia, 2000.

CARINCI, M. T.: *La fornitura di lavoro altrui,* Giuffrè, Milano, 2000.

— *Utilizzazione e acquisizione indiretta del lavoro. Somministrazione e distacco, appalto e subappalto, trasferimento d' azienda e di ramo,* Giappichelli, Torino, 2008.

— "Il concetto di appalto rilevante ai fini delle tutele giuslavoristiche e la distinzione da fattispecie limítrofe", en (AAVV): *Tutele e sicurezza del lavoro negli appalti privati e pubblici. Inquadramento giuridico ed effettività,* UTET, Torino, 2011.

CAVAS MARTÍNEZ, F.: *Aspectos jurídico-laborales de la externalización productiva a través de empresas multiservicios: estado de la cuestión y propuestas,* Aranzadi, 2019.

CEINOS SUÁREZ, A.: "La cesión ilegal de trabajadores a la luz de la jurisprudencia del Tribunal Supremo", Revista del Ministerio de Trabajo, Migraciones y Seguridad Social, Nº 143, 2019.

CRUZ VILLALÓN, J.: "Outsourcing y relaciones laborales", en (AAVV): *Descentralización productiva y nuevas formas de organización productiva,* MTAS, Madrid, 2000.

— "El concepto de trabajador subordinado frente a las nuevas formas de empleo", Revista de Derecho Social, Nº 83, 2018.

DE LA PUEBLA PINILLA, A.: "Cesión ilegal. Adaptaciones, normativas y judiciales, a una realidad cambiante", Labos, Nº 3, 2023.

DE LUCA TAMAJO, R.: "Diritto del lavoro e decentramento produttivo in una prospettiva comparata: scenari e strumenti", Rivista italiana di Diritto del Lavoro, I, 2007.

DESDENTADO DAROCA, E.: "El empresario complejo en la jurisprudencia reciente. En especial, los grupos de empresa", Revista del Ministerio de Trabajo, Migraciones y Seguridad Social, Nº 143, 2019.

DURÁN LÓPEZ, F.: "Sobre la prestación de servicios entre empresas y la cesión de trabajadores, a propósito de la reciente sentencia del TJUE", (22-11-2014): https://www.garrigues.com/es_ES/noticia/prestacion-servicios-empresas-cesion-trabajadores-proposito-reciente-sentencia-tjue.

ESTEVE SEGARRA, A.: "Empresas multiservicios: cesión ilegal de trabajadores y subcontratación", en (AAVV): *La externalización productiva a través de la subcontratación,* Comares, Granada, 2018.

— "*Puntos críticos en el tratamiento jurisprudencial e inspector de la descentralización empresarial, la contratación laboral y las empresas multiservicios*", Bomarzo, Albacete, 2019

— "La ampliación del trabajo, subcontratación e interposición en empresas de plataforma", Revista Española de Derecho del Trabajo, Nº 277, 2024.

ESTEVE SEGARRA A. y TODOLÍ SIGNES, A.: "Cesión ilegal de trabajadores y subcontratación en las empresas de plataforma digitales", Revista de Derecho Social, Nº 95, 2021.

FOLGOSO OLMO, A.: *La garantía de indemnidad, BOE, Madrid, 2021.*

GARCÍA MURCIA, J.: "El trabajo en contratas y la cesión de mano de obra en el Estatuto de los trabajadores", Revista de Política Social, Nº 130, 1981.

— "Contratas y subcontratas", *Revista del Ministerio de Trabajo y Asuntos Sociales,* Nº 48, 2004.

GARCÍA MURCIA, J. y RODRÍGUEZ CARDO, I. A.: "Régimen sancionador. Perspectiva de conjunto", en (AAVV): *La reforma laboral de 2021: estudio crítico de su régimen jurídico,* Laborum, Murcia, 2022.

GARCÍA ROS, A.: "La cesión ilegal, pasado, presente y futuro. Su análisis jurisprudencial", Aranzadi Social, Nº 1, 2009.

GARCÍA RUBIO, M. A. y LÓPEZ BALAGUER, M.: "Prohibiciones en la celebración del contrato a puesta a disposición: su revisión tras RD-ley 10/2010", en (AAVV): *El empresario laboral. Estudios jurídicos en homenaje al Profesor Camps Ruiz con motivo de su jubilación,* Tirant lo Blanch, Valencia, 2010.

GOERLICH PESET, J.M.: "Competencia desleal, empresas de trabajo temporal y empresas de servicios. A propósito de las SSAN 104 y 105/2014, de 30 de mayo", Información Laboral, Nº 6, 2014.

— "Los límites de la regulación de las contratas y subcontratas", en (AAVV): *Descentralización productiva y transformación del Derecho del Trabajo*, Tirant lo Blanch, Valencia, 2018.

— "Contrato fijo discontinuo: ampliación de supuestos y mejora de sus garantías", Labos, Vol. 3, 2022, Número extraordinario 'La reforma laboral de 2021".

— "Plataformas digitales y externalización: a propósito de la STSJ Com. Valenciana 328/2024, 1 febrero", El Foro de Labos, 2024, https://www.elforodelabos.es/2024/04/plataformas-digitales-y-externalizacion-a-proposito-de-la-stsj-com-valenciana-328-2024-1-febrero/.

IGARTUA MIRO, M. T.: *La garantía de indemnidad en la doctrina social del Tribunal Constitucional*, Consejo Económico y Social, Madrid, 2008.

JURADO SEGOVIA, A.: "En torno a la externalización de actividades empresariales y la posible cesión ilegal de trabajadores en el ámbito de las plataformas digitales", Labos, Nº 2, 2022.

LAHERA FORTEZA, J.: *La negociación colectiva tras la reforma laboral de 2021*, Tirant lo Blanch, 2022.

— "La contratación laboral en el ámbito de las contratas: de la temporalidad al contrato indefinido", Trabajo y Empresa, Nº 1, 2022.

LARENZ, K.: *Metodología de la Ciencia del Derecho*, Ariel, Barcelona, 1980.

LÓPEZ BALAGUER, M. y RAMOS MORAGUES, F.: *El personal "indefinido no fijo"*, Tirant lo Blanch, Valencia, 2020.

LLANO SÁNCHEZ, M.: "Empresas de servicios, prestamismo laboral y precariedad en el empleo", Relaciones Laborales, Nº 2, 2006.

MARTÍN JIMÉNEZ, R.: *Cesión ilegal de trabajadores: aspectos críticos, prácticos y conexiones con otras instituciones*, Aranzadi, Pamplona, 2022.

MARTÍN VALVERDE, A.: "Interposición y mediación en el contrato de trabajo. Análisis del Decreto 3677/1970, de 17 de diciembre", Revista de Política Social, Nº 91, 1971.

— "Responsabilidad empresarial en caso de subcontrata de obras o servicios", (AAVV): *Comentarios a las leyes laborales*, Edersa, Madrid, 1988.

MOLERO MANGLANO, C.: "¿De qué depende que una contrata sea declarada cesión ilegal tras la reforma de 2006?, Actualidad Laboral, Nº 21, 2006.

MONREAL BRINGSVAERD, E.: *Vigencia ordinaria de los convenios colectivos, ultraactividad y contractualización judicial de sus condiciones de trabajo,* Tirant lo Blanch, Valencia, 2018.

MONTOYA MELGAR, A.: "Contratas, derechos fundamentales y "desbordamiento" de la jurisdicción constitucional", Revista Española de Derecho del Trabajo, Nº 149, 2011.

MORENO GENE, J.: "Plataformas digitales de reparto y empresas de flota o de última milla: subcontratación laboral versus cesión ilegal de trabajadores. A propósito de la STSJ de Cataluña de 11 de diciembre de 2023", Revista General de Derecho del Trabajo y de la Seguridad Social, Nº 68, 2024.

MORENO GONZÁLEZ-ALLER, I.: "Cuestiones candentes sobre la cesión ilegal de trabajadores", Aranzadi Social, Nº 20, 2008.

NORES TORRES, L. E.: "Cesión de trabajadores: concepto y régimen", en (AAVV): *Comentarios al Estatuto de los Trabajadores: libro homenaje a Tomás Sala Franco,* Tirant lo Blanch, 2016.

PÉREZ AGULLA, S.: "Novedades en el ámbito de la infracciones y sanciones administrativas en el orden social", en (AAVV): *Interpretación, aplicación y desarrollo de la última reforma laboral,* La Ley, Madrid, 2022.

PÉREZ DE LOS COBOS ORIHUEL, F.: "El trabajo subordinado como tipo contractual", Documentación Laboral, Nº 39, 1993.

— "El concepto de «propia actividad» empresarial", (AAVV): *Descentralización productiva y protección del trabajo en contratas. Estudios en recuerdo de Francisco Blat Gimeno,* Tirant lo Blanch, Valencia, 2000.

— "Descentralización productiva y libertad de empresa", en (AAVV): *Libertad de empresa y relaciones laborales en España,* Instituto de Estudios Económicos, Madrid, 2005.

— "La reforma laboral de 2006: un análisis crítico del RDL 5/2006, de 9 de junio, para la mejora del crecimiento y el empleo", en (AAVV): *La reforma laboral de 2006. Comentarios al Real Decreto-Ley 5/2006,* La Ley, Madrid, 2006.

— "Las libertades económicas y la regulación laboral de la contratación y subcontratación de obras y servicios", Revista Española de Derecho del Trabajo, Nº 229, 2020.

— "A propósito de la STJUE de 24 octubre: la posible aplicación a determinadas contratas de la directiva sobre empresas de trabajo temporal" (13-11-2024): https://www.oleartabogados.com/stjue-directiva-empresas-trabajo-temporal-contratas/

PÉREZ GUERRERO Mª. L. y RODRÍGUEZ-PIÑERO ROYO, M.: "Contratas y cesión de trabajadores en la reforma laboral de 2006", Temas Laborales, Nº 85, 2006.

PERROTE ESCARTÍN, I. y MERCADER UGUINA, J. R.: "La extensión refleja de la garantía de indemnidad a los trabajadores de contratas y subcontratas por actos de la empresa principal: los ecos del asunto "Samoa"", Justicia laboral, Nº 44, 2010.

PERULLI, A.: "Diritto del lavoro e decentramento produttivo in un prospettiva comparata: problemi e prospettive", Rivista italiana di Diritto del Lavoro, I, 2007.

RIERA VAYREDA, C.: *El despido nulo,* Tirant lo Blanch, Valencia, 1999.

RODRÍGUEZ-PIÑERO Y BRAVO-FERRER, M.: "Tutela judicial efectiva, garantía de indemnidad y represalias empresariales", en (AAVV): *Derecho Vivo del Trabajo y Constitución. Estudios en homenaje al Profesor Doctor Fernando Suárez González,* La Ley, Madrid, 2004.

RODRÍGUEZ RAMOS, M. J.: *La cesión ilegal de trabajadores tras la reforma laboral de 1994,* Tecnos, Madrid,1995.

— "La cesión ilegal de trabajadores y la contrata o subcontrata de obras o servicios: dificultades de su delimitación ante las últimas reformas laborales", Revista General de Derecho del Trabajo y Seguridad Social, Nº 15, 2007.

SÁNCHEZ-URÁN AZAÑA, Y.: "Las fronteras del contrato de trabajo y el sistema de indicios de laboralidad", Revista del Ministerio de Trabajo, migraciones y Seguridad Social, Nº 143, 2019.

SALA FRANCO, T.: "Los efectos laborales de la contratación y subcontratación de obras o servicios: puntos críticos", Actualidad Laboral, Nº 1, 2005.

— "La noción laboral de contrata y de contrata de "propia actividad", Trabajo y Empresa, Nº 1, 2022.

SALA FRANCO, T. y RAMÍREZ MARTÍNEZ, J. M.: "Contratas y subcontratas de obras y servicios y cesión ilegal de trabajadores", (AAVV): *Descentralización productiva y protección del trabajo en contratas. Estudios en recuerdo de Francisco Blat Gimeno,* Tirant lo Blanch, Valencia, 2000.

SEMPERE NAVARRO, A. V.: "Comentario al artículo 43 del Estatuto de los Trabajadores. Cesión de trabajadores", en (AAVV): *Comentarios al Estatuto de los Trabajadores,* Aranzadi, 2007.

— ¿Un pleito colectivo sobre posible cesión ilegal de trabajadores? Comentario a la STS 12 junio 2007, rec. 5234/2004, Aranzadi Social, Nº 29, 2007.

SPEZIALE, V: "Il fenomeno dell' appalto nei suoi profili strutturali. Appalto lecito, illecito e intermediazione di mano d' opera", WP CSDLE "Massimo D' Antona", Nº 481, 2024.

THIBAULT ARANDA, J.: "Las condiciones aplicables a los trabajadores empleados en las contratas", Trabajo y Empresa, Nº 1, 2022.

VALDÉS DAL-RÉ, F.: "Contratas y subcontratas: las reformas pendientes", Relaciones Laborales, Nº 2, 2007.

— "La reforma del régimen de cesión ilícita de mano de obra: convergencias y divergencias entre la Ley y la jurisprudencia", Relaciones Laborales, Nº 12, 2007.